廣田康之
Yasuyuki Hirota

# 敗者復活力

50億円企業を作った
中卒元キックボクサーの
人生逆転術

同文舘出版

# 著者からのメッセージ――なんでも肥やし

私は、人生すべての経験が肥やしになると考えています。

この本では、どこかで聞いた成功法則がいろいろ出てくるかもしれません。でも、私は自分の経験からしかお話ししないし、また、お話しすることもできません。ですから、この本の話はすべて自分自身が体験したもの、感じたものです。

私はキックボクサーとして、別に記録を残したわけでも、たいした選手だったわけでもありません。ただ、自分がキックボクサーだったときの経験が、その後の人生を大きく変え、人生の「敗者復活」のきっかけを与えてくれたことは事実です。ですから、キックボクシングからの経験による話はたくさん出てきます。

格闘技をすれば成功する、そんなことは決してありません。ただ、それぞれの人生において経験したもの、それはその人間の数だけ存在しているのです。

あなたが経験することも、すべてあなたの肥やしになっていきます。たとえ、どんな小さなことでもです。そしてその中に、「敗者復活」のカギは隠されているはずです。

それでは、私が実際に自分自身が体験してきたお話をお聞きください。

廣田康之

はじめに

# 自慢話

ちょっと、こんな日記を想像してみてください。

「ああ、よく寝た。気持ちのいい朝だ」

午前7時。カーテンから漏れた光で目が覚めた。ここは六本木ヒルズのレジデンス。ニューヨークをはじめ、世界中に6つある家のひとつだ。部屋には大きな窓があって、眼下に東京の街が一望できる。ここに決めた理由は、平置きの駐車場があったことと景色がよくて便利だったからだ。夜、ふらりと歩いて何でも食べに行ける。部屋の家具はすべてカッシーナ。ベッドだけはシモンズにした。シモンズのマットが好きで、自分の持つほとんどの家はこのベッドにしている。寝心地がいいからだ。

ベッドから体を起こして軽く柔軟体操をしてから、マンションの中にあるジムへ行って少し汗を流す。週に3回くらいはワークアウトをして体を鍛えることにしている。ジムにはスパがあるので、サウナに入ってシャワーを浴びる。その後、軽く散歩をしてスタバでコーヒーを飲む。

さあ、今日は何をしようか。大学で心理学の講義を受けてもいいいいし、映画を観てもいい。そういえば、少しだけ仕事がある。持ち会社のうちのひとつが、表彰されるそうだ。販売数日本一になったらしい。普段まったく顔を出していないのに、社長をはじめ、みんな優秀なスタッフたちばかりでとてもありがたい。スタッフたちの晴れ姿なので、ちょっと顔を見に行ってあげよう。夕方はジョエル・ロブションあたりで、連中においしい料理でもおごってやるか。

式まではまだ少し時間があるので、麻布のビルでも見に行こう。昨日、資料が届いた。東京も投売りが続いている感があり、買ってくれという話が後を絶たない。今年はすでに、新宿と広尾にビルを買った。麻布にはまだ持ってないので、買っておこうと思っていた。ドルガバの服を着て、みんなからお祝いでもらったハリーウィンストンの時計をはめ、ベルルッティの靴を履き、部屋を出ることにする。

地下にある駐車場に行き、今日乗る車を決める。このマンションには3台ほど置いてある。ベントレーとランボルギーニとポルシェ。最近乗っていないので、ベントレーにするか。たまにはエンジンも掛けてやらなきゃ。

昨日上海から帰ったばかりだが、すぐに仲間たちとタイでゴルフ。帰ったら師匠とマレーシアだ。だいたいいつも月に1回か2回は海外に行く。仕事よりも旅行で忙しい……。

すみません、少し自慢をしてみました。

すべて実話です。平成22年7月30日、午前10時5分時点、今日そのままの日記です。

私は成功した、と言っていいかもしれません。しかし、こうなることは私自身も、想像すらしていなかったのです。

## 成功の秘密

若い頃の私は、言ってみれば人生の敗者のようなものでした。

中卒、元キックボクサー、12種類の職を転々……どこにも勤まらない落ちこぼれ。

誰のことでもない、私自身のことです。でも、私がセミナーなどでそのような過去の話をすると、必ずと言っていいほど質問が来ます。

「どうやって、今の廣田さんのようになったのか？　どうしても今の姿とつながらない」というものです。私は決まって「運がよかっただけですよ」と答えています。

なぜ、こんな質問をされるかというと、今の私は13社計年商50億円の企業グループを作り、1億円を超える年収を維持し、都内に複数のビル、海外をはじめ6つの家などの不動産を持ち、現在は六本木ヒルズに住んで複数の高級車を所有し、7人の社長を育て、半ば引退状態の毎日を送っているからです。誰もがうらやむ生活なのではないでしょうか。今の私のことを知っている人にしてみたら、どうしても昔の私とつながらない、と思われるのは無理のないことだと私も感じます。

たしかに、私は運がいい。
しかし、本当に運だけだったのか？

実際は、何か人と違うことをしたのではないだろうか？　原因を突き詰めて分析したらどうなのだろう？　それは人にはできない、私だけに起こることなのか？　まったくの偶然か？　それとも、再現性のある、つまり〝誰がやっても、同じことをしさえすれば〟可能になることなのか？　という疑問が湧きました。ですから、徹底的に分析しました。そして、そこに再現性、つまり運以外の原因を見つけたのです。

その原因の大きなもののひとつは、格闘技から学んだことでした。そして、それは再現性のあるいくつかのシンプルな要素です。それが成功の秘密、糧になっていたのです。

私は、本当にろくでもない、何の役にも立たない若者でした。もし、今の私が20年前の私を入社させるかと言えば、答えは「絶対にＮＯ」です。もし、間違って採用したとしても即刻クビにします。断言できます。

もしあなたが、「今の自分には成功なんておぼつかない」と思っていたとしたら、以前の私を見て勇気が出るでしょう。それだけでも意味があるかもしれません。

しかし、もしあなたが望むなら……

同じことをしさえすれば、つまりその要素を知ってさえいれば、あなたは成功（といっても、私程度かもしれませんが）できるかもしれないのです。あなたがあなたの望む理想の人生を手に入れられるかもしれない、ということなのです。そして、もしこの本がそのきっかけのひとつにでもなれば、私はとてもうれしく思います。

私自身がそうだったように、成功を目指す者――言い換えると、成長したいと望んでいる人――に光が訪れてほしい。すでに人生をうまくやってきた人間は、そう感じるものです。あたかも、キックボクシングの後輩に対して応援する、先輩の気持ちと同じです。そして、実は今までに「運と呼ばれるもの」を私にくれた諸先輩方も、そう感じていたのだと思います。

## 複数の事業をしていく人たちの例

私は現在、複数のビジネスを行なっています。これらは、すべてゼロからはじめました。

また、私の周りの人にもそういうタイプの人が少なくないのです。それらを見ていると、簡単なひとつのパターンが存在します。本来、いくつかあるとは思うのですが、私が見てきた、複数のビジネスを成功させている人はこういう流れが多いようです。

### ①勤め人時代に専門知識を得る（地力をつける）

②何かのきっかけで独立する
③独立時は最小限ではじめる
④力に押されて（ある意味、中身から大きくなって）会社が大きくなる。最初から箱を大きく
　構えるわけではない
⑤仕組みを作り、自動的に流れるようにする
⑥後継者を作り、そのビジネスを任せる
⑦体が空き、かつ資金ができる
⑧自分自身は新たなビジネスをはじめる

というものだと思います。

これらを、順番にお話ししていこうと思っています。ちなみに、私はマーケティングが得意です。

現在マーケティング分野では、かなり多くの本が出ています。どこででも、知ることはできるでしょう。むしろ、ほとんどの人は、成功する「きっかけ」に困っているのではないでしょうか。ゼロからはじめるには、どうすればいいか？　こんな何の取り柄もない、助けてくれる人もいない自分に、独立のきっかけやチャンスのようなものは訪れるのか？　そう考

えているのではないでしょうか。

ですから、この本ではとくに、その「成功するきっかけ」をお話ししていきたいと思います。人生の敗者だった私が復活した、その「きっかけ」です。ビジネスで独立し、スタートに乗せる。それは自分の力、先輩の力、ゼロからはじめる方法、いろいろなものが必要になってきます。また、ここが一番難しいところかとも思います。そして、むしろ新規事業を開始するということは、私にとって最も得意なところです。少なくとも、13社は作ったわけですから。そこにもフォーカスしていこうと思っています。

したがって、あなたが勤め人だったとしても、小さな企業の経営者だったとしても、きっと同じように役立つはずです。「敗者復活のきっかけ」がつかめると信じています。

だって、私には決して素質とか教養とか、特殊な教育を受けたとか、親が金持ちだったとか、そういったことはなかったからです。条件的に、普通のどこにでもいるお兄ちゃんでした。むしろ、普通よりひどかったと思います。なので、私のとってきた行動を聞いたあなたが、わずかでも「俺もやれるかも」と思ってくれたとしたら、この本の意味はあるのではないか、と思います。

詳しくは2章でご説明しますが、あなたは、過去の私よりも〝確実に〟素質があり、また、有利な位置にいるはず、と私は考えています。

それでは、なぜ落後者だった私が、今のように年商50億円の企業グループを作ることができたのか？　そして、それをすべて7人の社長、つまり後継者に任せて、今のような生活を手に入れることができたのか？　それをお話ししていきましょう。

# 敗者復活力——目次

# 3章 敗者復活するためのチャンスのつかみ方

# 6章

# 新規事業を立ち上げるとき

7章

# 人生を逆転させる、売れるチラシ

装丁・DTP／村上顕一

1章

# 格闘技と逆転人生、そしてビジネス

# 格闘技とビジネスは似ている

## なぜ、売れるのか

格闘技とビジネスは似ています。

私は今、13社の会社を経営、もしくは所有していますが、私自身が社長を務める会社は、自分自身の資産運用会社である㈱廣田康之事務所のみです。他の所有会社は、すべて社長を育てて彼らに経営を任せています。つまり、私自身はほぼ引退状態ですが、少しだけ仕事もしているというわけです。そのビジネスのひとつを、少しご紹介しましょう。

この原稿を書いている15日後、400人を集めるセミナーを行ないます（実際の参加者は479名）。ある業種の団体を作っていて、規模は日本最大級です。その会員に情報、つまりノウハウを販売します。その金額は、年間に約5億円。お客様一人ひとりに直接お話しして販売するわけではありません。販売機会はセミナーだけです。大きなセミナーでは、1日で約1億円は売上げます。

濡れ手で粟。そんな言葉が聞こえてきそうです。しかし、そんなことはありません。セミナーだけで、そう物が売れるわけではありません。ビジネスは、そんなに楽なものではないのです。

では、どうして売れるのか？　それには理由、仕掛けがあるのです。何かの商品を販売しようと思ったとき、すぐに売ろうと思っても、そう簡単に売れるものではありません。では、どうすればいいか？　というと、こういう流れになります。

**①会員を集める**
**②会員に「得」をしてもらう**
**③その上で、自分たちが買ってほしいものをセールスする**
**④会員は、儲かったお金の中で、私たちの商品を「喜んで」買ってくれる**

こんな感じです。

## WIN-WINではなく、ALL WINS

ビジネスには敗者はありません。いや、敗者はあってはならないのです。自分たちが、もしお客様に「不要」なものを売りつけたとしたら、お客様は「損」をします。そして、それは必ず自分たちに返ってきます。必ず、お客様からの不評を買ってしまうことになるので、決して末永いビジネスはできません。まずは、お客様に「得」をしてもらうこと。それがあって、お客様は初めて買ってくれるものです。そうすれば、私たちは儲かり、お客様も得をする。ビジネスには敗者は存在しないのです。

まずは、集まってもらった会員に対して、彼らの会社が儲かる方法を教えてあげます。無料、もしくは超お値打価格で、その会社の売上げがグーンと上がる方法を教えるのです。

無料で教えてもらった会員は、私たちにお返しをしようと考えてくれます。そして、その儲かったお金で……私たちの販売しているものを買ってもらうのです。

いきなり、ものを売ろうとするから売れないのです。自分が儲けようと思うから、儲けることができないのです。お客様から「奪おう」としている限り、永いビジネスは成立しないのです。

## トレーナーの教え

この教えを私は、私のトレーナーから学びました。トレーナーというものは、ときには選手以上に、選手や試合のことを考えます。選手が体を休めているときも寝ているときも、トレーナーは次の効果的な練習について頭を悩ませます。選手には休息があります。しかし、トレーナーにはありません。ある日のこと、トレーナーは私にこう言いました。

「お前たちが自信をつけて、〝やればできる〟と思えば俺の勝ちなんだよね。自信をなくして辞めたら俺の負けなんだ」

私たち選手の勝ちがトレーナーの勝ち、なのです。自分のことより、私たちのことを考えることで、自分が結果的によくなっていく。こう言うのです。トレーナーは、こうも言いました。

「今度の試合で、お前が勝つか相手が勝つか。それはわからない。でも、ひとつだけわかっていることがある。お前も相手も、その試合を経験して強くなるということだ」

私たちは、相手に勝つためだけに苦しい練習を重ねています。相手のことは、試合前は憎いくらいに思うものです。しかし、もっと大きな目で見れば、私も相手も、同じ試合に向けた練習を重ねて「お互いに」強くなっているのです。つまり、二人とも成長していくのです。

## 2人の勝者

私が勝っても相手が勝っても、大きな目で見れば、どちらも敗者ではありません。大きな目で見れば、2人とも苦しい練習を乗り越えて戦った、人生の勝者だということなのです。

実際、面白い話があります。TVの格闘技番組などでよく見る「あおり映像」では、相手を罵ったり言葉で挑発するシーンを流しています。なので、格闘技というと「相手を尊敬しない」、「憎んでいる」こんな感じに思われているようですが、実際はそうでないことが多いのです。演技で挑発し合っているというわけではありません。試合前ははっきり言って、相手が心底憎く思えることもしばしばです。しかし、試合が終わった後は、なぜか憑き物が落ちたように相手が愛しく感じられるのです（ホモとは意味が違います）。試合後、シャワー室などでは、戦った相手に会うことがよくあります。同じ時間に試合を終えたわけですから、シャワー室が一ヶ所なら同じになるのは当たり前です。

そのとき、試合ではあんなに殴り合ったのに、お互いに気遣いのある声を掛け合います。

「強いですねぇ」「いいえ、あなたこそ」

格闘技をやっている者にとって、「強いね」は最高の褒め言葉です。そんな言葉を掛け合い、シャワーを浴びながらいろいろな話をします。

不思議なことに、そのときはなぜか無二の親友のような気持ちになるのです。昔からの友達に久しぶりに会って話している感覚です。懐かしくて、愛しくて仕方がない。そんな気持ちになるのです。そして、それから後は、自分と試合をした選手が次にどんな試合をするか、とても気になります。試合を見に行き、心から応援します。コーナーボックスに行って、「お前ならまだいける！　がんばれ！」と大声で応援してしまうのです。少し前に殴り合った2人ですらそうなのです。

2人ともがんばった。苦労を乗り越えた。敗者はいません。

ビジネスでも同じです。相手から奪おうとするのがビジネスの極意ではありません。お客様の財布をどうすれば開かせるか、を考えるのがビジネスではないのです。そうではなく、お客様やビジネスパートナーとともにみんなが得をしていく方法は何なのか？　そう考えるべきなのです。

お客様とともに得をする。また、ビジネスパートナーさんとともに成長をしていき、自分たちも潤う。きれいごとではなく、こうした行動こそが実際にビジネスをうまくいかせる一番効率的な方法であり、それがビジネスの極意だと私は考えます。

# 「つくり」こそがビジネスを成功させる秘訣

## ビジネスの4つのパート

「この商品はとてもいい。なぜ売れないのでしょう」

セミナーなどで、私はよくこうした相談を受けます。商品がよければ売れる。たしかにそうかもしれません。しかし、それだけでは、やはりそうは売れません。ビジネスは、優れた商品（物品、情報、サービスも商品）だけで売れるものではないからです。

あるセミナーで、ハンバーガー屋さんを集めた人がいました。そして、会場でこう聞いたそうです。「マクドナルドよりもおいしいハンバーガーを作ることができる人！」全員が手を挙げました。続けて、こう聞いたそうです。「マクドナルドより売れている人！」誰も手を挙げるはずがありません。これは、ハンバーガーを作ったことのない私でもわかります。

つまり、商品というカテゴリーはビジネスの中のひとつでしかない、ということです。ちなみに、私はビジネスには大きく分けて次の4つのパートがあると考えています。

**①お客様を集める**（集客）

**②買っていただく**（セールス）

**③商品を開発、製作、納品する**（サービス、情報も含む）

**④買っていただいた後、満足していただく**（アフターメンテナンス、フォローなど）

つまり、商品がよいというのは、ビジネスにおいて必要かつ最低条件ではありますが、条件をすべて満たしているわけではありません。それは、見事なハイキックが蹴れる、というのに似ています。少し説明しましょう。

## なぜ、商品だけでは売れないのか

ハイキックと呼ばれる技があります。

文字通り、立っている相手の顔面を蹴る、という技です。K−1なんかでも見たことがある人は多いかもしれません。

別に、難しい技でも何でもありません。多少は体が柔らかくないと苦しいものの、やってできない技ではありません。また、手の力よりも強い足で直接相手の顔面を蹴るため、相手は倒れるか、もしくはそれに近いダメージを受けることになります。

もし、あなたが今、完璧な必殺ハイキックが蹴れるようになったとしましょう。

じゃあ、あなたはあなたの目の前にいる相手を、何人もバッタバッタと倒せるでしょうか？

実はそうではありません。早く鋭く強い蹴りさえ手に入れれば、あなたはその蹴りで相手を一瞬で倒せるように思われるかもしれません。しかし、現実にはそうはいかないのです。

「さあ、蹴りますよ」とハイキックを蹴っても、ほとんどの相手は、当てさせてもくれないでしょう。相手が格闘技経験者でなくても、人間はわずかの間に反射的に動くものです。目の前でパンと手を叩かれたら、誰でも反射的に目を閉じます。ハイキックも同じです。反射的に顔を隠そうとしたり首をすくめたりして、何とかその蹴りをかわそうとするものです。だから、そうそう当たるものではないというのが事実なのです。

では、なぜ実際の試合で、「プロ同士の試合」でハイキックが当たるのかというと、実は、簡単な秘密があります。それは、言ってみれば、〝つくり〟のようなものです。コンビーネーションなどとも呼ばれる、「ハイキックを当てるための状況づくり」があるからなのです。

実際のところ、ハイキック自体よりも、むしろその前の〝つくり〟が重要なのです。

パンチで相手の体勢を崩しておく、ハイを蹴るまでにミドルキックを何度も蹴って、相手の目を慣らしておく、攻撃パターンを変えて相手の目をごまかす、わざと下を見て、足を蹴ると見せかけて注意をそらせる、ラウンド内に相手の癖を見つけておくetc……また、右パンチ、左パンチに続いて、キック等のコンビネーションと呼ばれる組み立て。それらはすべて、攻撃を当てるための布石なのです。

たとえば、タイのトップ選手は、ハイキックとミドルキックの軌道が相手に当たる直前まで変わりません。そのため相手から見ると、ミドルキックかハイキックか区別がつかないのです。というか、わざと区別がつかなくなる蹴り方をしています。そういった練習を重ねているのです。

たとえば、選手がハイキックを当てるための流れはこんな感じです。

**①ラウンド中盤まで、強いミドルキックをバンバン蹴る**
**②相手の手が、その蹴りに合わせて下がるようになってくる**
**③すでに相手は、ミドルキックのみに反応するようになっている**
**④ガードが下がったのを見計らってからハイキックを蹴る**
**⑤ハイキックとミドルキックの区別がつかない蹴り方をしているから、ハイキックに反応**

**できない**

これで、初めて当たるのです。

このように、ハイキックが当たる状況づくりを最初に仕込んであるからこそ、初めてそのハイキックが当たるのです。

## 状況づくりをする

実は、ビジネスにもまったく同じことが言えます。

お客様に買ってほしい、と思ったら、買ってもらえる状況づくりを最初にしておく必要があります。どんなにいい商品があってもそれだけでは売れない、ということです。

お客様が商品を買ってくださる流れは、次のようになります。

**①あなたの商品を知る**
**②あなたの商品を理解する**
**③あなたの商品をほしいと思う**
**④あなたの会社を好きになる**

## ⑤あなた自身を好きになる（社長、セールスマンの場合）

で、初めて買ってくださるということです。

このように、商品を買ってくださるお客様が取るルートがあります。商品のよさや、営業のスキルだけで売れるわけではありません。セールスで言えば、どうやったらお客様が買ってくださるかとか、そんなセールストークのようなものでもなく、営業に行く以前の行動こそが、商品を買っていただくためにはとても大切なのです。

あなたが、どんないい商品（たとえば必殺のハイキック）を持っていても、持っているだけでは、その蹴りは当たらないということです。たとえ当たっても、偶然の結果だったりします。なので、その次は売れなかったりするのです。

いい商品を助けるさまざまなもの……それは、いい商品をお客様に買っていただくためのマーケティングや仕組みづくりであったり、営業マン以外の社内スタッフの対応の仕方だったりします。それらすべて、この〝つくり〟の部分ができているかどうかが結果を大きく左右するのです。

## 多くの人が出版を目指す意味

〝つくり〟の例をひとつ出しましょう。たとえば、あなたが商品を売りたいと考えたとします。その商品はいい商品だけど、まだ誰も知りません。そして、その商品にはある程度の説明が必要だとします。そういうときは、本を出すのもひとつの方法です。

本の出版、つまり著者になるのは、マーケティングにおいていろいろな意味があります。出版で儲けるため？　いいえ違います。儲かるのは、売れっ子の作家だけです。

実際は、本を出してもあまり儲かりません。印税なんて、入っても1割程度。つまり、1500円の本なら150円です。たとえ1万部売れたとして（ビジネス書は、1万部売れればまずは合格、と言われています）も150万円。つまり、これが著者の取り分、利益です。

しかし、実際に本を出すために必要になるのは、本を書く時間だけでなく、本を売るための広告費（著者も売ります）、本を売る際のオファー（買ってくれたらこれをあげる、というプレゼント）、帯の推薦文を書いてくれた人への報酬などがかかります。10万部も売れるような売れっ子作家は別として、通常のビジネス書の著者は、ほとんど儲からないのが現実です。

では、なぜそういうものを出すのか？　それは、本を買ってくれた人が、その著者が売っている商品を買ってくれるからです。セミナーを聞きに来てくれたり、商材を買ってくれたり、ということです。本来の儲けはここから生まれます。これをバックエンドと呼びます。それこそが、著者の売りたい商品なのです。

ちなみに私は、この本のバックエンドは用意していません。かっこをつけるわけではなく、今は別のビジネスで忙しく、そちらのほうのマーケティングはやっていないのです。また、私の出版の意味は別にあります。これは、後で説明します。

もし、あなたが本を書いたとしましょう。本を出版することには、いろいろなメリットがあります。知名度が上がる。見ず知らずの他人から「先生」と呼んでもらえる。名刺に本を載せることができる。飲み屋で名刺を渡すと、店のお姉さんから「本を書いてるんだ、すごおい」と言われる。しかし、それ以上に、商品において以下のようなメリットがあるのです。

**①その本の内容（つまりあなたの商品のメリット）に興味のある人が本を買ってくれる**
**②その商品のよさ、なぜそれが必要なのかをじっくり説明できる**
**③それを書いているあなたのことが好きになる**
**④連絡先を載せておけば、読んだ人のほうから連絡をくれる**
**⑤その人は、すでにあなたのファン。好きになっている**

というわけで、あなたの商品（物でも情報でもセミナーでもいい）をすでに、

**①知ってくれていて**
**②理解してくれていて**
**③ほしいと思ってくれていて**
**④あなたのことが好きで**
**⑤先方から連絡をくれる**

という、理想の流れになるのです。

結果として、あなたの商品を必要とするお客様のほうから連絡、もしくはコンタクトを取ってくれて買ってくれる、またはセミナーなどに来てくれる、という流れです。そのように、本を出している著者の皆さんは、そんなマーケティングをしっかりと理解しているわけです。

## マーケティングの本当の定義

このようなお話をすると、「何だ、本というのは商品を売るための広告なのか」と思う人がいるかもしれません。しかし、決してそうではありません。マーケティングの定義をお話

ししましょう。

マーケティングというのは、「お客様をだます」とか「買わせる」ような権謀術数の限りを尽くす、ということではありません。マーケティングというのは、「商品が優良で、あなたが誠実であることをお客様に伝える技術」のことです。

本当に必要な、役に立つ商品がどこにあるか、それはどんな製品なのか？　それをお客様は知りたがっています。たとえば、私たちがTVがほしいと思ったとします。性能がよくて安いTVがどこに売っているのか、消費者でもある私たちは、それを知りたいものです。それを誠実に、正直によいところと悪いところをわかってもらう。そして、必要なら買ってもらう。それがマーケティングです。誠実さを相手に伝える技術なのです。

ただ、本書で私があなたにお伝えしたいのは、マーケティングではなく、落ちこぼれでも成功できる、つまりどんな人でも成功できるといった、その流れです。

もし、あなたが望むなら、いつの日かあなたが著者になる時が来ると思います。私ですら、このように本を出しているのですから。

では、私がいかにくだらない人間だったか？（正直、あまりお話ししたくないですが……）そして、どうやって今の成功のきっかけを手に入れていったのか？　次章からお伝えしていきましょう。

# 2章

# 「敗者復活力」を得る前の私

# 成功者の過去

## 今とどこが違うのか

この章では、以前の私……成功できるとも、成功しようとすら思っていなかった、その頃のお話をお伝えしようと思います。

その頃の私が何を考え、どんな行動を取っていたのか。今と何が違うのか？　それをお聞きいただければ、と思います。ちなみに、〝学び〟となるような事柄はまったくありません。かつての私は、参考にしないほうがいいような人間でしたから。恥ずかしくてお話ししにくいことも多いのですが、私が特別な人間ではない、というか特別レベルの低い人間だったことをわかっていただくことで、あなたの希望が膨らむのではないか、そう考えています。なので、恥を忍んでお話ししましょう。

## サクセスストーリーは、他の誰かのもの

昔、私は貧乏でした。

小さい頃は、ご飯におかずがなく塩をかけて食べていました。親父は、6億円もの負債を抱えて破産しました。まあ、たしかに貧乏です。でも、これらは私のせいではありませんですから、別に恥ずかしいことでもありません。

しかし、ここでいう私の貧乏は、〝私が本来、自分の力で食べていくべき時期〟にも貧乏だったということです。働ける年齢のときにもお金がなかったのです。

ご飯を食べるお金がないので、宗教をやっている人にご飯をごちそうしてもらったりしていました。おかげで、ほとんどの宗教に詳しくなりました。政党を持っている宗教、病気を治す宗教、後ほど地下鉄で毒をまいたりするところなどを転々としました。「寝るところがないんです、昨日から何も食べていないんです……」。そう言うと、彼らはいつも、とても親切にしてくれました。実際の教義はまったく知らないし、信者になるわけでもないのです

が、ほとんどの宗教の人は私にとてもよくしてくれました。みんな、本当にいい人ばかりでした。後ほど毒をまいたところも、中にいる人たちはみんな純粋でした。

つまり私は、一時期ではありますが、「純粋な人たちの親切」に甘えて生きながらえてきたということです。お金を生み出さないということは、ある意味、社会に甘えて生きている、ということでもあります。

私は、自分の力で食べられる年齢だったにもかかわらず、誰のせいでもなく、〝自分自身のせい〟で貧乏だったのです。この先どうするのか？　そんなことは考えたこともありませんでした。

人間はそうそう変われるものではない。この先どうなっていくかはほとんど決まっている――そう思っていました。東京にはビルの数だけお金持ちがいる。でも、自分には関係がない。俺はこんな程度。

サクセスストーリーは、知らない誰かのもの。ずっと、死ぬまで永久に。

ひょっとすると、あなたも今そう思っているかもしれません。でも、それは仕方のないことなのです。私も、と言うより、わたし自身こそが誰よりもそう思っていたのですから。

# 人生の敗者時代

今、私は「人間は変われる」と思っています。私自身が変わったわけですから。でも、その前に、もう少し私の落ちこぼれ時代の話を聞いてください。このお話を聞かれると、「ああ、成功って素質じゃないんだな。こいつと比べたら、俺のほうがまだナンボかましだな」と、少しは感じていただけると思います。

私の落ちこぼれ時代の話をすると、それだけで分厚い本1冊になってしまうと思います。また、こういったお話は決して愉快なものではないかもしれません。今日1日のあなたの気分をブルーなものにするか、もしくは「こいつ、許せない！」と怒らせてしまうかのどちらかだと思います。私も恥を忍んでお話しするので、少しの間、本を破り捨てないように我慢してお付き合いください。ちなみに、ここには学びはまったくありませんので、決して参考にしないでください。

# 地中にうごめく蟲

## 親切な人へのお返し

まずは、先ほどの宗教の方と付き合っていたときのお話をしましょう。私が、人さまの好意で住む場所をタダで借りていたときのこと。ある宗教の人がこう言いました。「廣田さん、あんた新聞取ってるのかね？」、「ないですよ」、「じゃあ、私がお金を出してあげるから取りなさい」そんなやりとりの後、新聞が毎日運ばれてくるようになりました。ひと目で宗教系とわかる新聞でしたが、テレビ番組欄くらい見られるからいいか、そう思っていました。しかし、たまった新聞の山を見て、「む、このままでは、遊びに来た人から俺が宗教をやっていると思われるやないか」とふと思いました（別に、やっててもいいんですけど）。

そして、そのたまった数ヶ月分の新聞の山をごっそり抱え、その宗教と対立している組織の事務所の前に行って、入口のドアを開けるなり「くれてやるわ！」と叫びながら、新聞の山を投げ込みました。そしてダッシュ。終わり。

おわかりでしょうか？　私にとってのメリットどころか、誰かに対する気遣いも、何の意味もありません。

私が元キックボクサーということで、落ちこぼれ時代というと、ケンカとかの武勇伝かな、と期待していた人、ごめんなさい。そういう話もないことはないのですが、この場合あまり関係ないので省きます。血湧き肉躍るお話が好きな人には、『空手バカ一代』などをお勧めします。

人の親切を逆手に取り、まったく関係のない第三者に迷惑をかけ（たぶん、「いったいこれは何だろう？」と、首をひねりながら掃除したのでしょうね）、自分を含めた誰一人得をしない、何の生産性もない、こんな若者の話です。この先もこんな話が続きます。なるべく少なくしますので、もう少し我慢してください。

# 電話には出るな

次は、出前の仕事をしていたときのお話です。店の電話が鳴りました。出前の依頼です。電話に出た私は、「はい！　キッチン〇〇〇〇です！」「はい、はい、はい、はい。わかりました」ガチャン、電話を置きます。「あれ？……誰だっけ？　えっとA定食と、あれ？」

私は、聞いた内容を一瞬ですべて忘れてしまったのです。注文を紙に控えもしないし復唱もしない。電話を取ったのは私なので、他の誰にも内容はわからない。店長が言います。「廣田くーん、注文は？」「えーっと、A定食がひとつ……ふたつかな？」「はあ？　お前何言ってるの？　注文誰からよ？」「えーと、伊藤さん……かな？　川上……さん？　あれ？」もう、どうしようもありません。誰からの注文かもわからないので、電話して聞き返すこともできません。

1時間半ほどたった後、そのお客様からのお叱りの電話で、初めて名前が判明しました。店長が平謝りして、それから配達。たまたま店によく来ていた常連のヤクザ屋さんにすら、「お前みたいな役に立たないやつはおらんぞ」と叱られました。電話の内容は紙に控える、復唱すれば他の誰かが聞いてくれるということを、その親切（おせっかい）なヤクザ屋さんから教わりました。でも、その教えを使うことはありませんでした。「そうか、電話に出なきゃいいんだ」と、二度と電話に出ないようにしたからです。

ちなみに、お客様のいない時間、私は勝手に棚からコーヒーを出し、カウンターに座ってマンガを読んでいました。時間が空いているなら、掃除くらいしろよ、って感じです。こんなやつ、私なら絶対に雇いません。

## マッパエプロン

タマゴの配達をしていたときのことです。腐ったタマゴを配って、ある店を営業停止に追い込んだり（わざとやったわけではありません）したのですが、これは別の本に書いたので違う話を。

その店では、タマゴを配るとき、なぜかエプロンをします。大きく丸の中に「卵」と書いてあって、金太郎の腹巻きみたいなやつです。季節は夏。ある日、私は気づきました。短パンに、ランニングシャツでエプロンをすると、真正面から見ると「真っ裸」に見えるのです。

「これはいけるかもしれない（何が？）」と思い、その格好でタマゴを配るようにしました。繁華街や地下街を裸エプロンで配るタマゴ屋。なぜか、私の心は躍りました。タマゴの箱を肩に担いで、街中を走りまわりました。通り過ぎる人がみなドキッとしたような表情をします。喫茶店では、ウエイトレスさんが私を見て吹き出します。店に来ているお客さんも私に注目します。道すがら、やんちゃそうな若者が私を見つめると、「コラ、見せもんとちがうぞ」と凄んだりしてあげます。そうすると喧嘩になります。相手は、多分とてもイヤだったと思います。頭おかしそうだから。誰も、繁華街の真ん中で裸にエプロンしたやつと喧嘩したくないし。もし、私が喧嘩を売られた相手だとしたら、絶対イヤです。

何が手に入るのか？　何も手に入りません。別に得もしません。タマゴ屋の社長は損するかもしれないけど。

勝手に配達先を減らしたりもしました。「廣田くーん、最近、○○○さんの注文がないね」「ああ、あそこは注文が少ないから、1ヶ月に1回行けばいいんですわ」タマゴ腐るっちゅうの。勝手に減らすなっちゅうの。でも、社長優しかったなあ。よくクビにならなかったと思います。

# ブルマンはおいしい

このあたりで、自分で自分が嫌になってきました。そろそろやめにします。でも、最後にもうひとつだけ。バーテン時代のお話を。バーテンといっても、ウエイターを兼ねたような店で、コーヒーも出していました。ある日、お客さんでスカした、いやイカした人が来ました。「おーい、こっちブルマンくれよ、ブルマン」大声で叫びます。なんか、まわりに聞こえるように能書きを言います。「ブルマンは、どこどこの豆で酸味がどうした……」彼女の前でいいカッコをしたいのは世界中みな同じ。しかし、当時若かった私は、心が狭いのです。

「ぜひとも彼には、普通のコーヒーを出してあげよう」

私は試しに、普通のブレンドをお湯で少し薄めて出してみました。ブルマンのカップセットに入れて。また大きな声が聞こえてきます。「うーん、ブルマンはやっぱりうまいよ」すみません、神様、許してください。もう二度としません。

また、珍しいカクテルが出ると、カクテルを作ってグラスに注いでから、バーテン（兼ウエイター）たちと「これでよかったっけ？」「俺知らない」「できたぞ、ちょっと飲んでみて」

「うん、いけるな」「よし、出せ」――そのグラスの口の部分を拭いて出していました。回し飲みももうしません。する必要もないけど。

その他、ホモスナックに勤めていて貞操の危機を感じたり、部品工場の流れ作業で私の空けた穴のために、すべて不良品になったり……他にもいろいろありますがもうやめます。とにかく、遅刻しない日はない、無断欠勤はする。店に出ずに、家に電話がかかってきたときは、欠勤することを伝えます。「今日はパスです」と、トランプみたいなことを答えていました。救いようのないやつです。できの悪いことこの上ない、そう思います。

さて、本題に戻ります。よくぞここまで我慢してくださいました。

## あなたのライバル

今まで我慢してお付き合いいただいたのは、次のことが言いたかったからです。あなたと比べてどうですか？　ということです。はっきり言って、敗者と言うより、それ以前の人間です。

こいつよりは、まだ俺のほうがマシかな、そう感じていただけたのではないでしょうか。

この先は、少しサクセスストーリー（と言っていいかな？）がはじまっていきます。あなたは、「自分にもそんなことができるかな？」そう思われるかも知れません。

大丈夫です。あなたがこれから比べていく相手は、先ほどの聞くに堪えない、どうしようもない私。あんなことしかできなかった相手なのです。少し自信が湧いてきたのではないでしょうか？

それでは、どうやって私が変わっていったのか。どんな行動をして、どんな運があったのか？　それは誰にでも起こることなのか？　再現するにはどうすればいいのか？　それは大きな苦労と努力を伴うものなのか？　それとも、誰にでもできるようなものなのか？

それを、順を追ってお話ししていきましょう。

# 3章

# 敗者復活するためのチャンスのつかみ方

# 常に勝つ選手になる方法

## 運は関係するのか?

一般的に言って、私は成功したと言っても過言ではないと思います。そして、それに「運」が関係していたのかと聞かれたら、「はい」と答えざるを得ません。しかし、その運は誰にでもつかむことができる、と私は考えています。なぜなら、「運のつかみ方」をわずかながら知った私はその後、運をつかみ続けているからです。

私には、何人かの師匠がいます。私ほど、師匠に恵まれた人間はいないと思います。私にとっての「幸運」、それは師匠そのものです。

最初の師匠は、私が17歳の頃に出会った、浮田和喜という師匠です。鎌ヌンチャクで、

ＴＶにもよく出ている方で、現在は阿修羅という忍者アクションクラブを主宰し、伊賀の忍者屋敷や甲賀の忍者村、京都の太秦映画村、はたまたアメリカなど、世界各地で忍者ショーなどを行なっている人です。

浮田さんは、私が中学生の頃から「喧嘩が強い」ことで有名な人でした。13人を相手に１人でなぎ倒した、宙返りをしながら相手の顔を蹴る、１３０キロの相手をかついで投げた、喧嘩相手の車をひっくり返した……などなど彼の武勇伝は、枚挙にいとまがありませんでした。そして、その浮田さんは偶然、私の育った町の近くに住んでいたのです。

ある日、私がバイクで夜な夜なウロウロしていたときのこと。電柱にサンドバックをぶら下げて、街灯の下、ひとりで蹴りの練習をしていたゴツイ体の人がいたのです。

私は、とっさに「この人が浮田さんかもしれない」と思い、声をかけました。

「浮田さんですか？」

たしかにその人は浮田さんで、しかも週2回、ここでみんなで練習をしているからおいでよ、ということになったのです。誘われるままに参加した私は、驚きました。やんちゃな連中が練習着を着るわけでもなく、十数人突っ立っています。どうやら、町の喧嘩自慢が集まって、浮田さんに「次、お前とお前、やれ」と言われて喧嘩をする。それが練習だったのです。浮田さんの持論は、「喧嘩なんて、夜暗いところでやるものだ。だから、街灯ひとつでいい。しかも、動きやすい服なんて着ていない。普段着でやらなければ意味がない」というもの。ごもっともです。つまり、ここは喧嘩を練習するところなのですね。

小さい頃から空手をやっていた私は、こういう系は大好きで、きちんと通いました。でも、やんちゃな連中は、ちょっと殴られるとすぐにやめてしまうのです。最終的に、毎回顔を出すのは、私1人だけになってしまいました。戦うのは、必然的に浮田さん対私。私は、毎回殴られ役です。でも、「これで今日一日強くなった」と信じて、通い続けました。

## 人生にとって、すべては「肥やし」

浮田さんは、ずっと通い続ける私を、本当に可愛がってくれました。

ＴＶにも何度も出してもらいました。ＴＶジョッキー、スーパージョッキー、日本超人大賞、そしてＮＨＫ。フジテレビの新春かくし芸大会では、とんねるずと中森明菜さんの指導もしました。少年サンデーに「浮田さんの弟子」と、私の似顔絵が出るほどでした。

私が後ほど仕事をはじめたときも、たくさんのお客様を紹介してくれて、いろいろ助けてくれました。今も、悩んでいたりする社員がいると、「浮田さん、少し鍛えてあげてください」

と出稽古に出すことがあります。生き方、生命力を学ぶのです。当然ながら、もう殴る、とかはないですよ。

浮田さんは親分肌で、勝手に周りに人が集まってくる、そんな人でした。戦国時代なら、草の中から出てくる戦国武将って、こういう人なのだろう、そう思わせる人です。面倒見がよく、とにかく何があっても絶対にマイナスにはとらえない。右腕を骨折しても、「よかったなあ、ヤスユキ！　これで左ジャブの練習が徹底的にやれるぞ」こういう人です。浮田さんの人間性は、その後の私の大きな手本になっていきます。

浮田さんから学んだ大きなことは、この言葉でした。

「何をしててもええやないか、ヤスユキ。男には肥やしや」

自分に起こったすべての物事は、自分を育てる肥料になる。そして驚いたことに、この先出会うすべての師匠から、表現する言葉は違えど、まったく同じ意味の言葉を聞くことになるのです。

人生に起こることは、すべて自分を成長させるための「肥やし」になるとすると、起こったことは決して無駄にはなりません。無駄にしてしまうとすれば、その後の自分の行動のせいです。無駄にしないのも、その後の行動。くだらない私の過去も、すべて「肥やし」にしてしまえばいいのです。

# 「敗者復活力」を育てる環境は自分自身で探そう

## キックをはじめたきっかけ

私が中学生の頃から憧れだった浮田さんに可愛がってもらったことには、理由がありました。ひとつは、私から声をかけたこと。そして、最後まで続けたこと。このことは、自分では当時まだよくわかっていませんでした。そのことが、自分の中で確信に変わっていくのはもう少し先のことになります。

私がキックをはじめたのは、浮田さんの一言でした。「ヤスユキ、お前もっと強くなりたかったらキックやってプロになれ」

浮田さんは、元キックボクサーでした。そして私に、キックボクシングを勧めてくれたのです。そうして私は、キックのジムに通うことになったのです。

## **自分自身を伸ばす環境は自分で探す**

キックのジムに通おうと決意したのはいいのですが、さて、どこに通うか、です。ほとんどの人は、道場でもジムでも、近くにあるという理由で決めてしまいます。仕事もそうです。たまたま就いた仕事が今の会社だった……そう感じている人は、ちょっとしっかり読んでください。

ここで言いたいのは、**自分を伸ばす環境を、ほとんどの人は「自分で探さず」決めてしまっている**ということです。会社もジムも同じです。**会社も、自分を伸ばすべき環境です。ということは、自分でしっかり選ばなければなりません**。

浮田さんは、私にこう言いました。

「強いジムを探せ。自分がなりたいと思う選手のいるジムにしろ」

強いジムや道場には強い選手が育ちます。そして、自分がなりたいと思う選手を探す、これは私にとって、キック以外に、ビジネスでも大きな意味を持つようになります。

私は、あるジムに行ったとき、そこにいるトップ選手を見て、「ここにしよう」と思いました。片道2時間の、結構遠いところに決めたのです。

## 選ぶべき
## ビジネス環境とは

自分を伸ばすべき環境は自分で探す。

たとえば、自分が将来ネットビジネスをやりたいのに、流れ作業をやっている。これでは、日々の生活が肥やしにはなりません。というか、なりにくいのです。いずれ独立したいと考える人は、探すべき環境があります。もし自分が、こんな職種で独立したい、成功したい、と思うのであれば、その自分をチャンピオンにしてくれる、そんな環境に身を置くべきです。

そしてそのときは、強いジム（会社）を探してください。強い選手（憧れている成功者）のいる会社を探してください。強いジムには強い選手が育ちます。名門ジムと呼ばれているジムには、チャンピオンやランカーがたくさんいます。

強いジムには、ある程度素質のある選手が来るのかもしれません。しかし、前述のように、ほとんどの人は近所のジムに決めたりしています。つまり、練習生の素質に、そう違いはないということです。違うのは環境です。

**強い選手の真似をする、それだけで、勝手に強くなってしまうのです。意識も、練習内容も、強い選手の真似をするだけで、それが当たり前になり、あなたを成長させていくのです。本人の素質より、環境のほうがむしろ大切なのです。**

私の会社のひとつに、日本で一番と言われる営業マンがいます。なので、他の人間も成長度合が半端ではありません。ある業界団体で、日本の営業マンのトップから10位までの、チャンピオンを含めた5人が私のところのスタッフです。彼らに素質があったとかではなく、環境がいいからこそ成長が早いのです。

私はキックに限らず、ビジネスにおいても環境に恵まれました。素質があったかどうかは、あなたはすでに知っていますよね。

## 独立に向く職種、向かない職種

もし、あなたがサラリーマンなら、まずは職種が今のままでいいのかを考えてください。

また、そこは強いジム（会社）なのか？　を考え直してください。独立に向く職種、そうでない職種もあります。後で詳しく説明しましょう。

この先、あなたが成功したいと願う場合、選ぶべきジムの前に流派、つまり選ぶべき職種があります。たとえば、殴る蹴る、の格闘技がやりたい人が柔道を学んでもダメ、ということです。まだこれなら格闘技つながりでいいのですが、もしあなたが「強くなりたい」と思っているのに将棋の道場に通っていたらどうなりますか？　リングの上で「王手！」と言っても、相手は攻撃をやめてくれません。

つまり、「俺はいずれ大金持ちになってやる！　ビジネスで独立してやる！」そう考えている人が流れ作業の仕事をやっていたのでは、可能性はかなり低いということです。流れ作業の仕事は、たいてい大会社で行なわれます。何も持たない個人が、一から創業してやっていけるものではありません。もっと、小さい規模からはじめられる職種を選ぶべきです。決して、流れ作業が悪いのではありません。道が違うのです。

ここで言いたいことは、あなたが進もうとしている道と、**あなたが今いる道は同じですか？**ということです。**八百屋になりたいのなら、建築会社に勤めるより、儲かっている八百屋を探して、そこに勤めたほうがメリットが多い**のはおわかりですね。

私は、独立しやすい職種を大まかに分けて、以下のように定義しています。

**①少ない資金、少ない人数（できれば1人）で開業できるもの**

## ②作る、売るを1人でカバーできるもの
## ③お客様（エンドユーザー）に直接販売できるもの

少ない資金と言っても、それは人によって違うと思います。でも、個人としては数百万円までです。私は独立するとき、お金を持っていませんでした。妻の貯金（結婚する前から貯めていたもの）を全額おろし、それで開業しました。金額は300万円でした。今の私にとっては、数億円に値するものだと思います。

エンドユーザーに直接販売というと、じゃあ下請けはダメなのか？　BtoB、つまり会社相手のビジネスはダメなのか？　という意見が出るかと思います。私も、最初は下請けをやりました。なので、悪いとは言わないし、今も多くの下請け協力業者と取引しています。でも、わりときついのです。ですから、もしこれから選べるのであれば、最初からエンドユーザーに販売したほうが楽ということです。

## 独立しにくい職種の場合

もし、今の職種が「独立しにくい」職種であり、またどうしても辞めるわけにはいかない、

そう思ったとしても、方法はあります。サイドビジネスをすればいいのです。私の知っているあるチャンピオンは、昼は水道工事の現場で働き、その後ジムワークをしてチャンピオンになりました。

ただひとつだけ、自分自身でビジネスを行なうこと。これは、敗者復活の条件として必要なものではないか、と私は考えます。

## 職種が選べる場合

あなたがこれから学ぶ流派、つまり職種が選べるとしたら、それは非常にラッキーなことです。そういう人は、実は少ないのです。あなたは、自分のことを幸運だと信じてください。間違いなくそうですから。

その場合は、まずやりたい武道——空手なのか柔道なのか、はたまたキックなのか、を選びましょう。「簡単に選べないよ」という人は、やっているプレイヤーを見るのもいいでしょう。魔裟斗選手みたいになりたいからキック、というのでもかまいません。

自分がなりたい人間をモデリングしてください。ウォーレン・バフェットやビル・ゲイツもいいでしょう。でもちょっと遠いかな、という気もします。モデリングとは、まあ、お手本にする人ですね。

私の考える、モデリングのポイントです。

**①その人の、いいところも悪いところも好き**

**②こんな感じになりたいと「心から」思う**

**③3年先には今のその彼に追いつく（だろうでいい）**

**④自分と「何となく」似ている**

まあ、①の好きというところは問題ないですね。嫌いならモデリングの相手には選ばないでしょう。ただ、Aさんのここの部分とBさんのこの部分、とモデリングするところを分けてしまうのはやめましょう。シンプルなほうがいいし、蹴りの得意な選手はパンチが得意でなかったりします。どちらも取るということは、どちらも取れないということでもあります。バランスタイプが好きなら、バランスに優れた人を選べばいいだけです。

②は、当たり前ですが、「心から」思うところが必要です。その人に心酔する。そのくらいが効果が高いでしょう。この思いが強ければ強いほど、結果は早く現われます。

③については、「えっ？」と思われたのではないでしょうか？　3年でビル・ゲイツまでいくのは少し無理そうです。実は、多くの人はここで失敗するのです。メンターを選ぶ、モ

デリングする、それらにおいて、遠すぎる人を目標にし「過ぎる」のです。ウォーレン・バフェットやビル・ゲイツは、資産の90％だったか99％を慈善事業に寄付するとかしないとか。でも、そんなのを真似してもダメですよね。彼らの資産は、たとえ1％でも、生涯使いきれないくらいあるのです。私たちとは、行動も思考も違い「過ぎる」のです。

ですから、今「成功しきって」しまった人を真似しても、その人のようにはなれません。魔裟斗選手の動きを真似しても、できないのです。彼の練習量は、恐ろしいほどのものでした。初心者が彼の練習の真似をしたら、多分入院すると思います。

これには、段階が必要なのです。空手にたとえるとよくわかります。白帯は黄色帯の真似をして、黄色の人は茶帯の真似をして……と、一歩二歩先の真似をするほうが、今の自分にとってやるべきことが明確になって、結果が出るのが早くなるのです。

## モデリングする先輩を見つける方法

では結局、どうすればいいのかというと、「自分の一歩先を歩んでいる先輩」を探すべきだということです。その人の真似は、ある意味あなたにとって、非常に楽にこなしていくことができるのです。そのため、途中で挫折しにくく、かつ成長も無理なく早いのです。

「すでに成功しきった成功者」を目標に持つのはいいことです。これを最終的な目標とすると、その同じ目標に向かって歩いている先輩を持つべきなのです。

ずっと先の目標とする「成功しきった人」を目標に思っている先輩がどこにいるのか？

どうやって探すのかについては、たとえばこういう方法もあります。

**①まず、「すでに成功した人」を探す**（ネットや書店）

**②その人のセミナーへ行く**（会場には、たぶんあなたの先輩になる人がいる）

**③受講者の中から、その「先輩」を探して友達になる**

これだけ。先輩を探すポイントとして、自分と似ているかどうか、という話をしましたが、これは、姿かたち、服装、癖、趣味、そして何より考え方のことをいいます。環境というより、その人間の「タイプ」が似ているほうがいいのです。蹴りの得意な選手は、蹴りの得意な体形をしています。長身で足が長く、リーチがあることが多いのです。パンチの得意な選手は肩が分厚く、どちらかというとリーチは短い。逆の体型の人のマネをするより、似た体型の人のマネをしたほうが、当然伸び率が高いのです。

ビジネスも、実は同じです。

その人、つまり社長の考え方、行動基準、それらが会社というものをつくっていくのです。

ですから、自分と考え方が似ている人を選んだほうが、ストレスなく長くお付き合いできるのです。

先輩の見つけ方としてセミナーを挙げていますが、別に何でもかまいません。あなたがその人を探してさえいれば必ず出会えるはずです。

こういう実験があります。

まず、周囲を一瞬だけ見てください。そして、そのまま目を閉じてください。目を閉じた後、「あなたの視界の中に、赤い色はいくつありましたか？」と考えてみてください。しかし、答えられる人はかなり少ないはずです。注意していないからです。ところが、「赤い色を探す」という言葉がインプットされた後、「ではもう一度、目を開けたら一瞬で閉じてください」と言われたら、瞬時に赤い色を数えることができるはずです。

目を開けている時間は同じでも、赤い色を探すという注意をしているだけで、目に入ってくるのです。つまり、チャンスやタイミングは、それを待ち構え、インプットしている人間には、いともたやすく捕まえることができるということなのです。

そして当然ながら、モデリングする相手も変えていくべきです。白帯の時は色帯の先輩、色帯になれば黒帯の先輩を目指してください。その先輩があなたよりも成長が早く、かつ目指すものが同じであれば、ずっと同じ先輩でもかまいません。

独立したいのであれば、同じ道で3年前までに独立して成功している人を目指して学んでいくと非常に楽なはずです。

# 敗者復活のチャンスをつかむ方法

## 本当のチャンスのつかみ方

私にはスポンサーがついていました。ジムを選び、通いはじめてしばらく経ってからのことでした。

普通、キックボクシングのようなマイナーなスポーツにはスポンサーはつきません。なぜなら、スポンサーになっても儲からないからです。スポンサーは、選手の露出度に対して、広告としてリターンを得ます。しかしキックの場合、ほとんどのスポンサーは「キックが好きだから応援してやりたい」という純粋な気持ちからサポートを行ないます。

スポンサーがつくと言っても、住むところを提供してくれるとか、最低限の生活費を出してくれるとか、入場ガウンをくれるとか、そんなレベルです。しかし、できる限り多くの時間を練習に使いたいと思っている選手の側としては、わずかなお金でも本当にうれしいものです。

つまり、スポンサーがつくことは、ほとんどの選手にとっては夢のような話なのです。私自身も、そんなことは夢にも思っていませんでした。

しかし、ある日のこと。私の尊敬するD先輩が引退することになりました。その人にあこがれてジムを決めた、そんな先輩でした。引退式をするでもなく、もうやめようと思っているんだ、とのことでした。

そして、そのD先輩にはスポンサーがついていたのです。彼は、スポンサーから住むところを提供してもらっていました。そのD先輩が、私たち選手たちを集めて言うのです。「俺、引退しようと思うんだよ。そこでだ……」

「俺の代わりに、誰かをスポンサーに推薦しようと思っている」

一同、固唾を飲んで次の言葉を待ちました。と思いきや、私は即座に「僕、お願いします！」と叫んでいました。私に続いて、2名ほどの選手が名乗りを上げました。実際、スポンサーしてもらうということは、「キック漬けの生活を送ります」と宣言することを意味します。逃げ道はないのです。ある意味、覚悟がいると言ってもいいでしょう。

結局、そのD先輩のいた椅子は私のものになりました。

私が選ばれた理由はたった2つ。ひとつは、普段の練習が鬼気迫っていた（らしいです）ということ。もうひとつは、これがとても大切だと後でわかるのですが、一番最初に手を挙げたこと。誰よりも迅速に、すでに覚悟ができていた、ということだったのです。

スポンサーのついた私は、おかげで生活の心配もなく練習に打ち込むことができるようになりました。ほとんどの選手が、バイトと両立しなければ生活ができないことを考えると、これは本当に幸運なことでした。しかし、運だけではなかったということです。

私がしたことは、たったの2つ。

**①普段から、選ばれるような行動を取っていた**
**②一番に手を挙げた**

この2点だったのです。浮田さんのときも、偶然こうでした。そして、私はこのことを知ったことで10年、20年後に、さらに大きなチャンスを手に入れることになるのです。

普段から選ばれるような行動は、嘘がつけません。毎日の行動だからです。選んでもらおう、上の人の印象をよくしようと思って、上の人が見ているときだけがんばっても、はっきり言ってバレてしまうものです。

自分で言うのも何ですが、私は必死に練習していました（周りからもそう見えていたはずです）。

当時の私は、ジムへ通うのに時間がかかるため、人より遅い時間にジムに到着していました。なので、必然的に遅くまで練習していたのです。みんなが練習を終えて帰ってしまってから、1人で黙々とサンドバックを蹴っていました。そのD先輩は、スポンサーから出してもらっている家（ジムに隣接した）に住んでいたので、毎日遅くまで、私が1人でサンドバックを蹴っていることを知っていたそうです。

## チャンスを手にしたハリウッドスター

一番最初に手を挙げる、というのは、言うまでもないことです。上の人から見て「あっ、こいつやる気があるな」と思うのは人情です。いつか自分にそんなチャンスが来たときは、と普段から心構えをしておけばいいだけのことです。

ジャン・クロード・ヴァンダムという格闘家上がりの俳優がいます。彼は、ハリウッドにあるバーに勤めていました。そして毎日、映画関係者がお客さんとして来るのを待ち構えていたそうです。あるとき、彼のお目当ての映画関係者が来たそうです。彼は、手に持ったトレイを投げ捨ててそのプロデューサーの前に立ちはだかり、こう言ったそうです。「俺の技を見てくれ！」と。彼が映画に出るきっかけになったのは、その一幕だというお話です。これは、私がアメリカのマーケッターから聞いた話なので、真偽のほどはわかりません。しかし、あり得る話だと思います。

チャンスを逃さない。常に心構えをしておく。これが大切だということです。簡単です。「チャンスが来たらこうしよう！」と、常に考えておくだけです。紙に書いて財布に入れておいてもいいでしょう。多分、それで忘れないでしょう。「赤い色を探す」と脳にインプットしておくだけです。それだけで、赤い色は勝手に目に入ってくるのです。

ただ、この学びには落とし穴もあります。「そうか、一番最初に手を挙げればいいのか！」たしかにそうなのですが、それで大きな痛手を被ることがあるのでご注意を。これは10年後、20年後のチャンスのお話の際にお伝えしましょう。

スポンサーがついて、好きなだけ練習ができる環境を手に入れた私は、自分の中でいろんなものが変化していくことを知るようになります。人間は進化できるということです。以前の私からは考えられない、「進化」が私に起こっていくことになるのです。

## 生まれ変わっても
## やりますか

さて、このあたりまで書いてくると、「お前さー、ろくでもないとか言ってるわりには、練習を続けたり、努力してるじゃん」と思われる方がいるかも知れません。つまり、選ばれるために努力してるじゃん、自分でろくでもない奴と言うけど、そうでもないじゃん、と言われそうです。はい、そうです。努力しました。では、努力家か？　と聞かれると、違います。怠け者です。ただ、偶然ですが、怠け者が努力できる、努力を苦にしない方法を取ったからです。その理由があるのです。とてもシンプルな。

好きなのです。

単に、キックや格闘技が好きだったからです。格闘技の練習は、まったくと言っていいほど、苦にならなかったのです。情熱があったのです。実は後ほど、ここに大きなポイントがあることに気づきます。

「情熱を持てないビジネスは成功しない」

ということです。ろくでもない、何も続かない私でもキックだけは続きました。格闘技は続きました。好きだったからです。今私は、好きな仕事しかしません。情熱が持てる仕事しかしません。だから、努力が苦にならないのです。楽しいのです。だから、結果的に成功するだけのことです。

話をビジネス選びに戻しますが、あなたがビジネスを選ぶとき、少し参考にしてください。必ず、じゃなくていいです。あくまで、参考でけっこうです。今、食べるだけで精いっぱい、そんな人にはまだ選べる余裕なんてないからです。やっているうちに、好きになっていくことも多いのです。

以下は、私が考える、情熱の持てるビジネスの条件です。

**①給料がすべて一緒でも、この仕事を選ぶ**
**②この仕事で人より秀でている、誰にも負けない（もしくは、負けないようになる自信がある）**
**③少なくとも20年は続けられる**
**④この仕事を選んだことを子孫に誇れる**
**⑤この仕事をやること自体が楽しい**
**⑥生まれ変わっても、もう一度やる**

私の場合はこう考えている、ということです。しかし、独立時にこう考えていたわけではありません。先ほどお伝えしたのと同じで、当時の私は、食べるのに精いっぱいでした。選ぶ余裕なんてありませんでした。ただ、好きな仕事でした。途中から、楽しい、と心から感じていました。本当に、たまたま偶然ながら、上記の条件をすべてを満たしていたのです。もし、あなたがそういうビジネスに偶然でも出会ったら、必ず成功します。私が約束します。仕事が好きになれば、あなたはすでにその時点で「勝者」になった、と言っても過言ではありません。

進化のお話でしたね。練習漬けになれる環境を手に入れた私が、どう変わっていったか。ろくでなしが、どうやって成功者に変わっていったのか。次の章ではそれをお話ししていきましょう。

# 4章

# 人は成長し、進化する

# どんな人でも一流になれる方法

## あなたは3ヶ月で別人になれる

人は、3ヶ月から4ヶ月ですべての細胞が一巡する、と言われています。つまり、すべての人は3ヶ月後、今の自分とはまったく別の細胞で構成されていることになります。あなたに今ついている鼻や口、目も、3ヶ月後にはまったく別の細胞になっているのです。

これについて、面白い現象があります。ダイエットでも、3ヶ月間体重を維持すると、太りにくくなると言われています。会社でも、3ヶ月間テコ入れすると、やはり結果が出はじめます。

さて、元の話に戻りましょう。スポンサーのついた私は、朝から晩まで練習ができる環境になりました。普通は、プロの選手といっても、毎晩2時間くらいのジムワークが精いっぱいです。ほとんどの選手は、キックやボクシングだけでは食べていくことはできません。別の仕事をしているため、十分な練習時間が取れないからです。それに比べて、いくらでも練習する時間が与えられた私は、彼らよりずっと有利な立場になりました。彼らが2時間やるなら、3時間やれば勝てる。3時間やるなら、4時間やれば勝てるということです。

そんなにたくさんの試合をしていないといっても、私が現役時代に一度も負けなかった理由は、「対戦相手よりも練習をした」。たったそれだけのことなのです。

## 成功に与える素質の影響

スポーツの世界においては、素質の話がよく出ます。オリンピックで金メダルを取った誰それは、筋肉の質が違うとか違わないとか。

実際に、私が体験した素質についての意見です。ある選手は、素質があると言われていました。こう蹴れ、と言われたらその通りのことができます。その選手自身もそれを知っていました。もう1人の選手は、素質がないと言われていました。しかし、ウサギとカメのような話で、すでに結末はおわかりだと思いますが、努力する側、つまりカメが勝つのです。

素質がないほうの選手（カメ）は朝10キロ走り、夜のジムワークを6時間、そしてまた夜10キロ走る、そんな生活をしていました。相手の選手（ウサギ）は、あまり練習をしなくてもできるからです。勝ち負けは当然ですね。

日本キック史上最強と言われた藤原敏男選手はこう言っています。

「チャンピオンになるには素質がいる。しかし、一流になるには、練習すれば誰でもなれる」

私たちが、もしビル・ゲイツを目指すなら素質は必要でしょう。ウォーレン・バフェットを目指すなら、素質は不可欠です。彼らは、世界史上まれにみるチャンピオンなのですから。

しかし、私程度の成功には、素質なんて必要ないのです。ビジネス界で言えば、私などは一流ですらありません。東京であれば目立ちもしない程度です。雨後のタケノコというより、言ってみればツクシ。ですから、努力だけで十分なれてしまうのです。

私程度――年収1億円なんて、しょせん一流半から二流――の成功に、生まれ持った素質なんて、ほとんど必要ないのです。

ちょっとした努力を続けること。毎日のハードな練習を積み重ねることができること。生まれ持った素質よりも、こちらのほうが大切なのです。

つまり言い変えると、膨大な量の練習を続けることができる体力、精神力こそが、最大の

「素質」なのです。

## 楽に儲ける方法は？

〝努力〟と聞くと、「そんなに努力が必要なら、わざわざこんな本読まないよ。もっと楽に儲けられる方法はないの」と言われるかもしれません。楽に儲ける方法は……はっきり言います。

ないです。

でも、ちょっと待ってください。努力って、どれくらいのことを考えていますか？　私の相手が1日3時間練習したら、4時間とか？　4時間のジムワークはたいへんです。4時間走り続けているのと同じと思ってもらえばいいでしょう。ジョギングではなく、マラソンくらいのペースで。でも、安心してください。そんなことしなくていいのです。

実を言うと、ビジネスというリングでは、あまりみんな努力していないのです。相手はお酒ばっかり飲んで練習しない。そんな対戦相手が、あなたのライバルなのです。

勝てますよね？

**ビジネスでも努力は必要です。しかしその努力は、スポーツと比べて非常にリターンが多く、人生が変わり、あなたが一生使えるものです。**十分に、やっただけの元は取れるのです。年収1億円を得ようと思ったら、スポーツの世界ではスポーツの種類に加えて素質と環境、練習量など、ものすごい努力が必要です。年収1億円は、ゴルフの賞金王と同じくらいの金額ですが、キックボクサーでは皆無です。しかも、ゴルフの賞金王は毎年なれるかどうかはわかりません。それと違って、ビジネスでは毎年継続して稼げるのです。そんな「チケット」が手に入るなら、多少の努力はしてもいいのではないでしょうか？

同じ量の努力でも、スポーツとビジネスではリターンの量が違います。少しそこをお話ししましょう。

## ライバルは練習していない

少し考えてみてください。もし、あなたがサラリーマンだったとして、あなたは今までにマーケティングを勉強したことがありますか？　どれくらいの時間？　また、あなたの知っているセールスマンは、どれくらい勉強をしていますか？　仕事以外の時間に。

実は、12種類の職を経験してきた中で私の見てきたほとんどの人は、仕事を「時間から時間を切り売りするもの」と捉えていました。時間の中ではセールスのことを考える、しかし時間外は仕事のことは考えない、そんな感じです。

つまり、リングで戦う試合以外の時間はボクシングのことを考えもしない、そんなボクサーたちなのです。練習しないボクサーは存在しません。しかし、サラリーマンのほとんどは練習すらしていないのです。

## サラリーマンとボクサーの練習時間

私が現役の時、トレーナーからこう言われたことがあります。

「サラリーマンは8時間仕事している。お前らはプロなんだから、8時間やって初めて定時だ。しかも、サラリーマンは残業するぞ」

まあ、8時間以上練習をしたら、体を壊して引退すると思いますが。それはともかく、逆に今は、私はスタッフにこう言っています。

「お前ら、もしボクサーが試合のときだけリングに上がっていたら勝てると思うか？　リングにいるのは長くても数十分（キックなら十数分）。でも、そのためにどれだけの練習を積むと思う？　仕事の時間だけ仕事していて、ライバルに勝てると思うか？」

さて、あなたの（ほとんど多数の）ライバルは、仕事の時間だけ仕事をしています。つまり、本当に「自分を高める努力」はほとんどしていないのが現状です。経営者も同じです。資金繰りやトラブル処理などに追われて、「経営」や「経営の勉強、トレーニング」をしていない人がとても多いのです。

あなたは、その人たちよりほんの少し努力しただけで、彼らに勝つことができるのです。

## これを手に入れれば必ず勝てる

ビジネスにおいて、どうしても必要で、しかもこれだけ持っていればほぼ勝てる、というものがあります。それは情熱、パッションです。

ボクサーは毎日、３６５日練習します。だから強くなるのです。自分の知らないうちに勝手に強くなってしまうのです。ビジネスも同じです。

どうして彼らは、苦しい練習を続けられるのかというと簡単です。それができるのは、好きだから、という理由しかありません。好きで、情熱を持っているから苦にならない。楽しい。

だから、ほうっておいてもセールスならセールスの勉強をしてしまう。練習をしてしまう。人のいないところでシャドー・セールス・トレーニングをしてしまう。お客さんが喜んで買ってくれる顔が見たいから。伸びるのは当たり前です。

楽しいことを続けて、しかも成長する。そのためには情熱（パッション）が必要なのです。嫌なこと、苦しいことは続かないし、それを続けて成功しても、人生は楽しくないと思います。

逆に、好きであれば、勝手に体がやってしまうわけです。そのビジネスを好きになる、情熱、パッションを持てる。これは、成功することにおいて一番大切な要素だと思います。

## どうしても仕事が好きになれない人は

どうしても仕事が好きになれない、そんな人がいるかも知れません。今やっている仕事が嫌なら、すぐにでも転職するべきです。「強くなりたい、でもキックが嫌い」なら別の格闘技をやるべきです。どれも好きになれない？　となると、どんな仕事に就いたって成功するのは無理な気がします。でも大丈夫。私も実は、「最初はどの仕事も嫌いだった」のです。私が過去、どんな仕事ぶりだったかは、すでに知っていますよね。

**3ヶ月間だけ、何も考えずにやってみればいいのです**。それで、あなたの細胞はすべて生まれ変わるのです。そして、その仕事を自然に「好きになって」しまうのです。つまり、たった3ヶ月間の我慢が、年収1億円を手に入れるきっかけになるのなら、安いものだと思うのですが、いかがでしょうか？

# トレーナーこそが、あなたに復活力を与える

## 正しい努力をしよう

努力って簡単に言うけど、漠然としていてよくわからないかもしれません。そして、もし努力の方法が間違っていたとしたら、意味がありません。では、何をすればいいのか。ここで、誰でも使える手軽なトレーニング法をご紹介します。

**①身近にいる、ナンバーワンの先輩を探す**（モデリング参考）
**②よく観察する**
**③自分との違いを書き出す**（具体的に、できる限り数値化して）
**④違いのチェックリストを作る**

**⑤毎日1個ずつ、できるものからマネをして、違いを一つずつ減らしていく**

**⑥3ヶ月間やってみる**

これで十分です。身近な先輩は、すでに結果を出しているわけです。つまり、ある意味正しい、ということです。どれだけ努力しても、間違った努力では意味がありません。無駄のないように、正しいことをやりましょう。ですから、結果を出している先輩のマネをすればある程度の結果は出せます。

前述したように、できる限り自分に似ている人を探すと真似しやすいでしょう。実際にキックの場合も、返しのパンチを打つときに上体の曲げ方が5度くらい深いとか、靴ひとつ分前で蹴りはじめるなど、数値に置き換えて物理的にチェックをするのです。では、どのようにチェック項目を作るかというと、

たとえば、セールスの場合のチェックポイントとして、その先輩は

**①お客様に、毎週2回、月曜日と木曜日に15分ずつ電話をしている**

**②週末、お客様との打ち合わせを90分間隔で入れている**

**③土日は必ず8件以上のお客様と会っている**

**④一番最初の挨拶はお客様の服装からトークのきっかけを作っている**

など、どんな細かいことでもけっこうです。癖でも何でも書き出しましょう。

**⑤お客様と会う前、必ず洗面所で軽くうがいをしている**
**⑥ネクタイの色が決まっている**
**⑦ベンジャミン・フランクリンの本が好き**
**⑧話しはじめるとき、「あのー」を言わない**

など、何でもＯＫです。

表面から見えることがすべて書けたら、まずはできることからやってみましょう。必ず、あれっ、先輩はここをどうやっているんだろう？　と思うことが出てくるものです。その段階では、きちんと聞いてみましょう。「先輩、土日にお客様と8件以上会われていますけど、お客様の都合もありますよね、どうやってスケジュールを調整しているんですか？」こんな感じです。

## 先輩があなたのトレーナーになってくれる方法

仮に、あなたの成績が上がっても、先輩にとっては何のメリットもありません。ですから、なかなか教えてくれそうにないように思います。しかし、ひとつ決まりごとがあります。

「うまくいっている人間は、努力をしてきている。だから、自分と同じように努力する人間が好き」

というものです。あなたが、楽をするために「教えて」と言っても、先輩は決して教えてはくれないでしょう。しかし、先輩と同じような努力をするために「教えて」と言えば教えてくれるはずです。頭を使わずに、自分で考えずに教えてもらうのは図々しいというものです。頭を使ってから、「しっかり考えたけど、これ以上はわからない！」となってから、ピンポイントで聞きましょう。質問の内容で、あなたが頭を使ったかどうか、先輩からは簡単にわかるものです。

もし、先輩があなたのことを気に入っていて、「こいつ、かわいいな」と思ってくれれば、あなたにとって、驚くほど優秀なトレーナーになってくれることでしょう。〝師匠〟と呼ぶようになるかもしれません。

ここでやった、このシンプルで単純で、一見バカみたいに簡単なこの方法は、この先、ビジネスでもマーケティングでも、あなたに大きな収穫をもたらすことになると思います。

まあ、するべき努力の中に、あなたの職種に関する専門的な本を読みあさる、などが入ることは言うまでもありません。家に帰って、毎日2時間でもいいからやってみてください。キックボクサーも、うまい選手のビデオは擦り切れるほど見るし（今はDVDですが、当時はビデオだった。本当に再生できなくなるまで見た)、技術本なんて、売っているものすべてといっていいほど読んでいます。勉強嫌いなはずなのに。

でも、3ヶ月間これを続けるだけで、はっきり言って今のあなたと別の人間がそこにいることになると思います。

## 実社会で役立つもの

キックを引退した後、私は職人の道を選ぶことになります。建築業界です。なぜかというと、他に雇ってくれるところがなかったからです。門戸の広い「現場作業」って、ありがたいものです。私は以前、深夜喫茶のバイトすら断られた経験があります。

引退後の私の働きぶりは、以前と少し違っていました。私は、知っていることが増えていたのです。キックボクシングの経験から、

**①正しい努力は無駄にならない**

**②自分から手を挙げる**

**③先輩から学ぶ**

④他者を観察、研究して、分析、数値に落とす
⑤強い相手と戦うと自分が強くなる
⑥戦う前に勝つ
⑦登っていくと違う景色が見える

などのことを、学びとして得ていたのです。キックが、自分の肥やしになっていた、というわけです。

当初、鳶職（高いところに上る人）についた私は、わりとよく働きました。当時は、まだビジネスをしたいとかお金持ちになりたいとか、そんなことは考えてもいませんでした。ただ単に、「体力トレーニングだ」と思い、常に走り、重いものを持つなど、体力まかせに働いていただけのことです。

そんな毎日を送っていると、なぜか上の人から好かれました。「お前、よく働くな」と。私はうれしかったのです。なぜかと言うと、それまで仕事でほめられたことがなかったからです。足場（作業用の高いところ）をぴょんぴょん飛び回る私を見て、「猿みたいだね」と元請けの社長が目を細めてほめてくれました。風貌以外で猿と呼ばれるのは、多分ほめ言葉だと思います。

そんな毎日が続いた頃、ある元請けの社長が私に、「監督をやってみないか」と誘ってく

れたのです。カントク。何となくかっこいいじゃないですか。現場監督の手伝いをすることになった私は、ひょんなことから「実は俺、いつの間にか知らないうちにある程度建築業に詳しくなっている」ということを自覚するようになりました。

なぜなら、私は以前から建築現場でバイトをすることが多かったので、鳶職だけでなく鍛冶屋、生コン業、大工、基礎屋など、さまざまな経験（それぞれ、ちょっとずつだけど）があったのです。

ですから、監督業は意外にスムーズにいきました。人生何でも肥やし。私の最初の師匠である浮田さんの言うとおりです。何がプラスになるか、誰にもわからないのです。

## 難しいカードをくれ

現在の私の師匠が好きな歌手に、ウッディ・ガスリーがいます。ガスリーは、いつもわざと困難な道を選んだそうです。彼の口癖は、「俺は最高のギャンブラーだ。最高に難しいカードをくれ」というものでした。

私が現役の時、私はマッチメイカーである会長に、「とにかく、強いのと組んでください」

と言っていました。なぜなら、何となく誰とやっても勝てそうな気がしていたからです。不思議なことですが、選手はだいたいみんなそうなのです。冷静に考えれば、勝てるわけがないと思う相手でも、勝てると思っているのです。言っていることがおかしい、と思われるかもしれませんが、そんなものなのです。理性で説明できないパッション。試合までには、何とか勝てるようになっているだろう的な希望。

さて、現場監督になった私は、会社の社長にキック時代と同じことを言いました。「誰もできない、皆が嫌がる現場をくれ」と（偶然ですが、現在の私の師匠もサラリーマン時代、会社に対してそう言っていたと後で聞きました）。

別にガスリーの真似ではありませんが、そう言って難しい現場、工期の短い現場、誰もが嫌がる現場を回してもらっていました。

知識があったわけではありません。しかも、会社の先輩に聞いても、「誰もできない現場」なのですから、教えてはくれません。では、知らなければ？　誰も教えてくれなければ？

簡単です。「自分で調べればいい」のです。

そう考えていたのです。誰もできない現場をうまく納めたら、俺がこの会社の監督の中でチャンピオンやないか！　そう思っていたのです。とても、裸エプロンで走り回っていた人間とは思えません。私は知らないうちに、内面まで変わっていたのです。仕事に対して。やればできる、必ず。人は成長する。それを、心から信じられるようになっていたのです。

## スパイする

自社で誰も工法を知らない現場。というか、やったことのない現場。私が「取れ取れ」というので、社長はそんな現場を受注してくれるようになりました。でも、誰も教えてはくれません。そんなとき、私は出稽古を行ないました。

キックの当時のジムは、かなりレベルが高いところだったので、知らないとか教えられない、ということはありませんでした。ただ、他のジムで強い選手がいると、やはり出稽古に行って教えてもらっていました。知らないことは、知っている人に教えてもらえばいい。たったそれだけのことです。

まず私は、近隣の都会に行って、今受注している(これから建てる)難しい現場と同じ工法(やり方のこと)の現場を探しました。都会には変わったビルが多いのです。そして、いくつかピックアップします。そこへ、何も名前の入っていないヘルメットをかぶって潜入するのです。一所懸命メモを取りながら写真を撮って、ああ、ここはこうやるのか、と記録していきます。勝手に。

途中で仕事している職人さんと会うと、「あー、ご苦労さん。暑いね」とか言ってごまかしていました。そのうち、スーツとネクタイにヘルメット姿で、メモとカメラを片手にしていると「設計士」と間違えられることに気づきました。そうなってくると、「今日もご苦労さんだね」と、こちらから話しかけます。「ここ、どうやって納めるつもり？」職人さんは、叱られるといけないと思い、一所懸命説明してくれます。それで覚えるのです。当時、デートはすべて他の建築会社の現場。彼女は車の中で待っている。そんな毎日でした。

この潜入スパイ作戦は、効を奏しました。社内で誰もできない現場をサクサクこなしていく。当然、社内での覚えもよくなります。当然、スパイの前に、自分自身で調べられることはすべてやった上でのことです。消防法の本など、分厚いのを一所懸命暗記しようとしていました。

## 私の自慢

監督になって3〜4年が過ぎた頃でしょうか。私は、県内一のカントクと自称するようになりました。別に、誰かがそう言ってくれたわけではありません。単に自分で言っていただけのことです。でも、そうなると「できません」は言えません。私のところに、難しい現場ばかり声がかかるようになってきました。

とくにうれしかったのは、社外の他の建築会社からも「廣田を貸してくれ」と声がかかったときのことです。お客様（自動車ディーラー）が、「○○建設にいる廣田という監督なら、この工事ができると聞いた」とおっしゃってくれたそうです。また、私を指名で呼んでくれたある自動車メーカーは、私が失敗したときこう言ってくれました。「廣田くんがやったのなら仕方がない。気にするな」と。これらの話は、私にとって大きな自慢です。

この頃私は、生涯監督でいいと思っていました。最初、職人も楽しいな、ずっとこれでもいいなと考えていました。ですから、自分としてはいつの時代も苦労したとはまったく感じていないのです。しかし、確実に私の立つステージは変わっていったのです。

# 人生を逆転させるための目標の立て方

## 次の踊り場を狙う

私は目標を立てるとき、「次の踊り場」を見るようにしています。今自分が立っているところから見える場所。それが私が行くべき目標です。

私は、ビルの屋上、つまり頂点の目標をおぼろげながらに見ていますが、あまり公言しないようにしています。「世界一のお金持ちになってやる」と言う人がいます。ビルの屋上ですね。それはいいと思います。しかし、最近の「目標は高いところに持つ」という自己啓発本の影響か、なぜか高すぎる目標を立てる人が多いようです。これでは、小さな勝ちを拾うことはできません。ですから、途中で「目標を達成できない自分」に敗北感を感じ、嫌になってしまうのです。

1ラウンドが終わったら、戦うべきは次のラウンドです。決して、次の試合でもいつか来るべきタイトルマッチでもありません。チャンピオンになってやる、そう考えるのはかまいません。しかし今の目標は、この試合に勝つことだけです。この試合に勝てなければ、タイトルマッチなんてやっては来ないのです。

私たちは、一歩ずつしか進むことはできません。そして、一歩進めば、景色は違ってきます。そのために、勝ち続けることが必要なのです。小さな勝ちでかまいません。勝ち続けることによって、「勝ちグセ」がつくようになります。それまで負け続けだった私は、キックで勝ち続けることで勝ちグセがついたのです。

ここでお伝えしたいことは、もし、あなたがまだサラリーマンだったとしても、「事業をやっているが借金まみれだ。人よりも遅れている」と考えていたとしても、同じことだということです。一歩先を歩く。それしか私たちにはできません。うだうだ言う前に、一歩歩いてみる。これこそが勝利への道であり、誰よりも早くゴールにたどり着く、敗者復活の一番の近道なのです。

## 成功回避不可能な状況を作る

私は現役のとき、「一度でも負けたら引退する」と周りに言っていました。そうやって周りに公言してしまうと、取り返しがつきません。「勝つか」「やめるか」しか残されていないのです。

何かの物事を行なうとき、自分が成功しなければならない状況を作ることが効果的です。言ってみれば背水の陣です。監督のときも同じです。「取ってください」と言った以上、「できません」とは言えません。やらなければならないのです。だからある意味、途中で折れることなく、やり遂げることができるようになるのです。

あなたがこの先何かをしようと思ったとき、周りのみんなに「これをやる。もし、できなければ〇〇する」と伝えるようにしましょう。とくに、絶対に後から「やっぱり駄目だったよおー。てへへっ」なんて言えない相手がいいでしょう。自分が尊敬する、師匠とか先輩に言うようにしてください。どうしても、やらなければならなくなりますから。しかし、心配しないでください。やれば、あなたは「勝っても負けても」成長するのです。

# 5章

# 独立前にやっておきたいこと

# 独立する時期の見分け方

## なぜ、独立を勧めるのか

「そうか、廣田というやつは、できそこないにもかかわらず金持ちになったのか。じゃあ、俺にもできるかも」。はい、そのとおりです。できます。ちょっとがんばれば楽勝です。

そして、もしあなたがお金持ちと呼ばれる人間になりたければ、あなたはビジネスをはじめたほうがいいでしょう。たしかに、従業員のままで株をやり続けてお金持ちになる人はいると思います。しかし、人間にとって一番大切な「時間」という資源を有効に使うためには、従業員として自分の時間を使うよりも、自分が社長、経営者として限りある「時間」を使うほうが効率的なのは言うまでもありません。

サラリーマンで、100億円の給料をもらった人もいますが、圧倒的に少数です。しかし、それ以上の実質の収入を得ている経営者はごまんといます。もちろん、私はそこまでいきません。私を2流レベルとして、トップレベルの人たちの資産は桁が違います。つまりあなたがこれからお金持ちになろうと思ったなら、自分でビジネスをはじめたほうが圧倒的に確率が高いということです。

その前に、あなたがビジネスをはじめたり独立するときに気をつけることを少しお話ししていきましょう。まずは、「俺はいつはじめればいいの?」ということです。

## あなたが独立する時期はいつか

私が最初に独立したきっかけは、本当にひょんなことからでした。そして、それは先輩からの援助によってなされたものでした。そういったこと――あなたの周りの誰かから、独立を勧められること――は、人によってとらえ方がさまざまだと思います。あなたは、それをチャンスととらえるかもしれないし、あなたの周りの人は、「お前には無理だよ、失敗するぞ、やめとけよ」と言うかもしれません。

私はその後、数々の起業を繰り返し、今では新規事業の立ち上げがひとつの得意技（？）になっています。また、自分自身が社長をやらないのが私のルールなので、ある意味「誰かを独立させている」とも言えるでしょう。そこで、あなたにこれから起こるであろう「チャンス」の見分け方をお話ししていきましょう。

ほとんどのチャンスやきっかけは、「あなたを知っている他の誰か」の、何らかの影響を受けるものだと思います。実際に、そういうことは多いのです。私の知っている経営者のほとんどが、他の誰かから独立を勧められたり、背中を押されたからはじめた、という経験を持っています。

それは、こういうことです。

①**認められている。**独立して成功できるように日々努力していれば、最低限今の会社においてナンバーワン的立場にいられる

②**時間の余裕がない。**ナンバーワン的立場である自分自身は毎日の作業を、「従業員として」忙しく過ごしているため、「いつ」独立するかを決められない

③**環境を変える必要がない。**従業員として有能であれば、それなりの待遇をされているだろうし、ある意味生活は楽しく充実している

これらの理由で、自分から独立しようとはなかなか決められない、そんなことが多いよう

です。このままではいけない、いずれは自分も独立してやっていきたいと思いながら、毎日に流されてしまうことが多いと思います。

つまり、言い換えるとこういうことだと思います。あなたの独立するべき時期というのは、「周りの誰かが勧めるとき」ということができるのではないでしょうか。

もし、あなたが「誰か」から独立を勧められたとき、それはあなたが「さあ」と立つ、そんなときなのかもしれません。なぜなら、あなたは決して1人で生きているわけではないからです。あなたの仕事ぶりや実力と比べて、それに見合った結果を得ているかどうかは、周りの人は見ているものです。

逆に言えば、誰も「お前、独立したほうがいいよ」と言ってくれなければ、あなたにはまだ時期が早すぎるのかもしれません。

キックの場合は、マッチメーカー（ほとんどはジムの会長）が、その選手が試合に出てもよいかどうか、誰とやったら勝てるか勝てないかを見て試合を組みます。俺、あいつとやりたい！　という希望はある程度加味されますが、それだけで決めるわけではありません。選手を見極めて、対戦相手や時期を決めるのです。

そして、あなたの場合にそれを見極めてくれるのは、あなたの先輩、とくにすでに独立をはたして成功している「あなたがモデリングしている、あなたと似ている人」だと思います。

自分が独立してビジネスをはじめていいかどうかは、その先輩に聞くのがいいでしょう。きっと、間違いのない判断を下してくれると思います。まだだね、と言われたら、またがんばればいいだけのことです。

「独立」という対戦相手は逃げたりはしません。あなたの時期が来たときに、しっかり勝てるよう、さらに準備をするだけのことなのです。

## 私が独立したきっかけ

私の場合は、かなり偶然に助けられました。なぜ、偶然によって助けられたかというと、私自身は独立なんて考えてもいなかったからです。しかし、先輩に勧められたのです。そのことについて、少しお話ししましょう。

私は（サラリーマンとして）、一級建築士の資格を取るために資格学校に通いました。それは、大手の監督はみんな一級建築士の資格を持っていたからです。私自身は勉強やテストは苦手なのですが、カンがいいので点は取れました（3択4択限定）。

さて、私が資格学校に行くと、偶然隣にある人が座っていました。その人はI社長といい、こういう人でした。

**①私が、小さい頃に通っていた空手道場の指導員だった**

**②私が勤めていた建築会社にいて、私に仕事を教えてくれた**

**③3年前に独立していた**

**④成功していた**

**⑤気が短く、せっかち。情にもろく面倒見がいい**

**⑥仕事をスポーツ（努力が成果として表われるもの）としてとらえていた**

偶然にも、私にとって、モデリングとして最適な人だったのです（笑）。そのときは、そんなことは考えてみなかったのですが。

I社長は、若い頃に単身アメリカに渡り、空手を広めた人でした。シカゴの公園でたった一人からはじめ、道場を持っていました。そのI社長が日本に帰った頃、私は小学生で、空手の道場で出会ったのです。それ以来の縁でした。そして、久しぶりに偶然会ったのです。

その頃の私は、会う人すべてに「仕事をくださいよ」とお願いする癖を持っていました。とくに営業職ではないのですが、少しでも会社に役立てばと思っていたのです。そして、そのときもこう言いました。

「I社長、羽振りがいいって聞いていますよ！　仕事をください」

まあ、図々しいような気もしますが、癖にしておけば何てことはありません。I社長は、「そうか、じゃあヤスユキ君、小さい仕事だけど頼むわ」と仕事をくれました。その仕事は、I社長の大切なお客様であるスポンサーの家の床の張り替え（一部）でした。何てこともない、たった数時間程度の仕事です。当時私は、ビル工事などが専門でしたが、せっかくいただいた仕事なので、「ありがとうございます！」と喜んでさせていただくことにしたのです。

ちなみに、ここでも偶然、「幸運は自分から声をかけることで見つかる」ということをやっていたようです。

## 床下プール事件

さて、そのお宅の床をめくってびっくり。建物全体の床下に、深さ30センチほど水が貯まっていたのです。床下は、まるで水槽かプールのようになっていました。どういうことかというと、水道管のつなぎ目から水が漏れていて、その水が基礎の中、外へ出る高さまで延々と貯まっていたのです。たいへんなことです。泳げそうです。そのお客様は、そうとは知らずに水の上で生活していたのです。

「こりゃあいかん」と、私はいつもの「廣田ファンクラブ職人集団」を呼びました。私の言うことなら、「いつ」「どんな仕事でも」「金額後回しで」来てくれる職人集団を持っていたのです。私は職人上がりなので、彼らの気持ちがわかります。なので、わりと人気があったのです。

まあ、そんなことで、ちゃっちゃっと片付けました。手順はこんな感じです。別に建築のことを聞いても仕方がないと思いますが、話の流れもあるので我慢してください。

①I社長に連絡を入れ、どうするか聞いた。社長の返事は「早急に、すべて対処してください」というものだった

②お客様に「安心してください。明日にはすべて終わらせます。ホテルを取りましたので、今晩だけそちらに泊ってください」と伝えた（通常数日かかる工事内容）

③山ほど職人を入れ、家中の家具をすべていったんどかせて、建物全体の床をすべてめくり、床下の湿った木材をすべて取り去って水道管を修理し、バキュームカー（う〇こに使ってない車）を呼んでヘドロ状の水をすべて吸い出した

④下の湿った土をすべて硬化させて、湿気を取る。さらに、床下全面にコンクリートを打って、床下の換気をするための装置をつけた

⑤すべて新しい材料で修復をすませ、家具を元に戻した

これを、時間割の工程を組んで徹夜でやりました。次の日の夕方には、お客様にいつもの生活をしていただけるようになりました。

この作業を知ったI社長が、私のことをえらく気にいってくれました。

ひと段落ついたある日の夜、I社長が私に言いました。

「ヤスユキ君、俺が後見してやるから独立しろ」

私は驚きましたが、二つ返事で「はい」と答えました。空手時代の小さい頃から憧れ尊敬していたI社長の言葉だったので、1も2もありませんでした。なので、実際に出てきた言葉は「押忍。ありがとうございます」でした。I社長は、私に「お前ならできるわ」と言ってくれました。なぜか？　ポイントは、

①**トラブル処理に強い**。瞬時に決断し、最適な手配をした

②**お客様のことを一番に考えた**。一切の心配、手間をお客様にかけなかった。I社長にとって一番大切なお客様に対して、I社長と同じ以上のレベルで気遣った

③**相手を信用した**。何をしたかというと、工事の前にお金のことを一切言わなかった。つまり、後で払ってもらえないとか、そんな心配を私がしなかった。これは、私が相手（I社長）を全面的に信用していたということ

④**覚悟を持っていた**。もし、I社長がかかった金額よりも少ない金額しか払ってくれなけ

れば、私は会社に対して責任を取る覚悟をしているということでもある

**⑤目的意識を持っていた。**Ｉ社長にとって、その大切なお客様を安心させることが最優先事項で、仕事の金額とか流れなどは問題ではない。そのことを知っていた

**⑥仕事が早い。**通常数日かかる仕事を1日で終わらせた

**⑦人を動かせた。**廣田がひと声をかけると、集まる人間がたくさんいることを知ったということだったそうです。これらは、後になってＩ社長から聞きました。偶然にも、私が行なった工事や行動の中に、成功できる人間の要素がいっぱい詰まっていたということだそうです。上記のポイントを見て、こいつはいけるな、と思ってくれたそうです。

Ｉ社長は、すべての面倒を見てくれました。保証人になってくれ、さらに資金を調達できるようにしてくれました。そして、私を連れ回し、多くの知り合いに紹介して、私が仕事に困らないようにしてくれました。会社の設立から何から何まで、すべて手を取って教えてくれたのです。まるで父親のようでした。

その後、私は結果的に今のような成功を得ることができたわけですが、Ｉ社長がいなければ、今の私は存在しません。間違いなく、今もサラリーマンをやっていたでしょう。

# 真のチャンスの見分け方

## チャンスがやって来る理由

I社長がしてくれたことは誰が見ても、私にとって「大きなチャンス」だったと言えると思います。しかし一般的に、誰かが「独立しなよ」といって勧めてくれたとしても、「本当に、これってチャンスなの？」と迷うことが多いのではないでしょうか。

ここで、私が考えるチャンスの見分け方をご紹介しましょう。

**①相手に金銭的なメリットがない**

**②自分が選ばれるだけの理由がある**

I社長は私を独立させても、何のメリットはありませんでした。まあ、「自分の言うことをよく聞く、ちょっと動きのいいヤツ」くらいは手に入ったかもしれませんが、そんな人間はいくらでもいます。別に私でなくてもいいし、まして保証人にまでなる必要はありません。

I社長は、「自分に似ているヤスユキ君」に、手を差し延べたかったのだと思います。「お前は俺に似ている」とよく言っていましたから。自分自身は成功した。そして、他の誰かの成功に手を貸してやることは、自分にとっては別に負担ではない。こいつにやらせてみたいな、ビジネスをさせてみたいな、そう思ったのではないでしょうか。

## こういう〝チャンス〟には乗ってはならない

また、別のパターンもありました。というか、誰でも経験したことがあると思いますが、まだ私がろくでなしで仕事もいい加減だった頃のことです。

昔の友人T君から久しぶりに電話があって、喫茶店に誘われました。まあ、簡単にいうとマルチの話です。喫茶店には、T君の横に私の知らない年上の男性がいました。セールスがうまいというか、口から先に生まれてきたような人でした。中身のないタイプの人間、業界用語でいう「ハメ殺し」要員です。「お金持ちになろうよ」「ビジネスをしようよ」とT君とそのおじさんは、一所懸命私に言いました。私がそのグループに入ると、商品を買わされ、T君（とその憎たらしいオッサン）が儲かる、というものです。当時の、貧乏で世間知らずだった私は、そのワナにはまってしまい、結局さらに貧乏な人間になりました。

もし、あなたに対して「こんなビジネスをやろうよ」とか「お金持ちになれるぜ」とか、そういうことを言ってくる人がいたとしても、その人自身に金銭的メリットがあった場合、あなたは単なるお客様でしかない、ということがほとんどだと思います。スルーしてください。

また、T君が私を誘ったのは、「私にビジネスの素養がある」と思ったからではありません。ただ単に、昔の友人に片っ端から電話をしただけのことです。その時の私が、チャンスが向こうからやって来る人間でないことは、あなたはもうご存知ですよね。

つまりこうです。あなたが、「不特定多数の人間として相手から見られる存在」だった場合、あなたに来るチャンスは、あなたのものではありません。相手の売上げを上げるチャンスであるだけです。過去の私、つまりそういうパターンでお金を出す人を「カモ」と言います。当然、こういった機会は本当のチャンスではありませんからスルーしましょう。

相手にとって直接の金銭的なメリットがなくて、あなただけが選ばれるだけの理由があれば、チャンスと言っていいでしょう。一念発起して勝負するチャンスかもしれません。

## 本当のメリットとはどんなことか

I社長は直接的、金銭的なメリットもなく、私によくしてくれました。私は、まだまだ恩返しができていません。そんな、今の私が何を考えるかというと、

**①I社長はすでに会長として引退しているし、事業もうまくいっているので私の出る幕はない**

**②私がお返しできるとしたら、I社長がお困りになったとき**

**③なので、もしI社長の会社が危機に陥ったら私の出番**

**④または、ずっと後でも、跡を継いだ社長が困ったときが私の出番**

**⑤何にせよ、もしI社長がお亡くなりにでもなったら、葬式会場を誰も見たことないほどの山のような花で埋める**

こんな程度しか考えつきません。でも、もし私に対してこういうことを考えてくれる人間がいたら、何となくうれしい気がします。

実際、そういうことを物理的にやるとかやらないではなく、そうやって「自分の知らない

ところで自分のことを考え続けてくれる味方」がいるということが大切なのではないかと思います。

もし仮に、世間のすべての人がI社長の敵に回って、I社長のところの従業員全員が辞めたとしても、私や私のグループの人間は全員、I社長の味方をするでしょう。その気持ちを生涯忘れないことが、私のお返しだと思っています。

もし、私が逆の立場であれば、直接何かをすぐに返すより、そういう気持ちで相手が「い続けてくれている」ことをうれしく思います。だから、そういう仲間を増やしたい、今もそう考えてビジネスをしています。

## あなたが与える立場になったとき

私は、I社長から次のことを学びました。見返りを求めない「与える」という行動こそ、最も見返りが大きいということです。

もし、I社長が「お前独立しろ、そして独立したら○○○（金銭なり、対価なり）を俺に返せ」と見返りを要求したとします。それでもありがたいことです。しかし、もしそのように伝えられていたとしたら、私は〇〇〇をお返ししたときに「ああ、これでお返しは終わった」と、逆に楽になるでしょう。

その後、「何があっても、I社長にお返しする気持ちを生涯忘れない」とは思わなかったかもしれません。つまり、見返りを要求したところで、これは「与える」という行動から、単なる「取引」に代わってしまうのです。

あなたが成功して、もし他の誰かに何かを「与える」ことができるようになったとき、決して見返りを期待してはいけません。それでは、与えたことにならなくなるからです。単なる、「〇〇をあなたにあげるから、△△を私に返してよ」という〝取引〟になってしまうだけだからです。

## 与える相手を選ぶ

返報性のルール、というものがあります。人は、誰かから何かをしてもらったとき、何かを返そうとする、というものです。ほとんどの人はそうだと思います。つまり、見返りを期待しないで与えれば、さらに大きなものを返してくれる。そんな人が多い、と私は信じています。

しかし、「相手が返そうとしない場合はどうするの？」という声も聞こえてきそうですね。

実際、悲しいことに、人に何かをしてもらっても返さない人もいます。そこであなたがすることは、相手を選ぶことなのです。

私は、I社長からこういうことを学びました。

「人に与えろ。見返りは求めるな。そうすると、人はそれ以上のものを返そうとしてくれる。大切なことは、そういうことがわかる人間を選ぶことだ」

これは、私の考え方の中で一番大切なもののひとつです。

# 独立までに身につけたいスキル

## 必ず必要になるものとは

最初に戻りますが、やはり独立をするときのために、従業員時代のハードワークは必要です。この章は独立がメインの章なので、これについて、少しご説明します。

私が知っている成功者で、従業員時代にハードワークをしていない人は見たことがありません。その頃、誰よりも仕事をしたという人がほとんどです。私も、独立前の何年かは、本当によく働きました。ただ、オレもよく働いているが、オマエのようにはなれないという人も多いことでしょう。

そこで、ビジネスに必要なスキルをお話ししましょう。つまり、あなたが独立までに覚えておくべきスキルのことです。どうせハードワークをするのなら、この部分において行なってください。そのスキルとは……。

ズバリ言います。セールススキルです。

あなたが自分自身で独立を考える、または先輩から独立を勧められる前に絶対に知っておきたい、経験しておきたいのがセールスなのです。セールスができる人は、独立することができます。マーケティングでも独立できます。われわれが、ネットで商材を販売するときに使うコピーライティングのスキルもチラシも、すべてセールスがそのトレーニングになるのです。

ビジネスに必要なものは非常にシンプル。まずはこれだけ。

**①お客様に提供できるものを作るスキル（商品、サービス、何でもOK）**
**②それをお客様に買っていただくスキル**

馬鹿みたいに単純です。それさえあれば、他のものは後からつけられます。そして、ほとんどの人は、提供する商品を作るスキルは持っています（もしなければ、当然つけてください）。なぜなら普段の仕事、ルーティンワーク自体がそうであることが多いからです。ですから、次はセールスをはじめてください。セールス力は、何にでも使えます。

## セールス力はすべてにつながる

そして、〝マーケティングはセールス〟なのです。一対一で販売するのがセールス、不特定多数に販売するのがマーケティングです。口頭で行なうセールスの内容を、紙に書くのがセールスレターのコピーライティング。これだけです。セールスを覚えることで、あなたが手にするものは数限りなくあるのです。極論ですが、セールス力のない人は、ビジネスがうまくいかないということです。

「おれはセールスなんて嫌いだし、無理だ」と思われる方、ちょっと待ってください。この先もしあなたが成功したいなら、ここは避けて通ることはできません。セールスが嫌いだった、という成功者はいます。しかし、セールスができないという成功者を私は知りません。だから、あなたは従業員時代にセールスを経験しておくほうが、どう考えても得なのです。

その理由は、次のようなものです。

**①独立後、すぐに売れる**（たった1人でも独立が可能）

**②独立後、必ず必要になるマーケティングやコピーライティングのスキルを、簡単に身に**

**つけることができる**

**③従業員時代に売れない月があったとしても、最低限の給料は出る。つまり、会社のお金で自分自身のトレーニングができる。**

**④セールス部署はみんなが嫌がる。そのため、ほとんどの会社では「セールスに代えてください」と言うと、社長はむしろ喜ぶ**

**⑤歩合制の場合は、いわばミニ独立。あなたが売らなければ給料は出ない。ビジネスの根本、「自分の動きのみ」が自分の食いぶちを作ることが経験できる**

**⑥もし、あなたがハードワークを行なって仕事のレベルが上がったとき、給料が上がるので独立資金になる**

**⑦成功するための、非常に大切なコミュニケーション能力が身につく**

などです。物おじしている場合ではありません。歩合制は怖い？　売れなければどうする？　ちょっと待ってください。もしあなたが独立したとしたら、売れなければ本当にゼロです。家族も路頭に迷うのです。負債を抱えて、金持ちどころか借金持ちになることも考えられるのです。

ボクサーは実戦を控えて、何度も仮想敵とスパーリングをします。独立前のセールスは、あなたにとって、自分自身のビジネスのスパーリングです。むしろ、スパーをやらずに相手と試合するほうが、ずっと怖いものです。自分にできるかって？　大丈夫、大丈夫。私でもできたのだから大丈夫です。トレーニングすれば、誰にでもできるようになります。

## セールスで得られる大きな効果

副次的産物ですが、セールスはたくさんの人と会います。その中に、あなたを引き上げてくれる人がいるかもしれません。その人が現われるのを、世間は「幸運」と呼びます。しかし面白いことに、ビジネスで成功している人には、間違いなく１００％、その「幸運」が訪れているのです。

別に、幸運の機会を探してセールスをしろということではありません。それよりも、セールスを経験して、その能力を高めていくことによって、「幸運」を手に入れるのに必要なものが手に入ります。それはズバリ、コミュニケーション能力です。

たった1人で、誰の助けも借りずに成功した人は、多分、歴史的にもいないのではないかと思います。誰もが、他の誰かの助けを得て、自分の人生をよりよくしていくのです。そして、その「助け」を得るために必要なもの、人とのつながりを高めていくものは、コミュニケーション能力です。セールスをすると、勝手にコミュニケーション能力が上がっていきます。これは、大きな果実ではないでしょうか。

## どれを選べばいいのか

さて、ではどんなセールスがいいのか？　できれば、ＢｔｏＣ、つまり一般顧客向けのセールス、エンドユーザーと直接話せるセールスがいいでしょう。なぜ、ＢｔｏＢがダメなのか？　その理由を私の経験を踏まえて次の章でお話ししましょう。これはあなたのビジネスを選ぶ際にも必要なことになるので、そのビジネスの「種類」の選び方も含めて、次章ではお話ししていきたいと思います。

何にしても、従業員時代にセールスでハードワークを積み重ねてください。流した汗の分だけ、人は必ず成長します。必ず、あなたの人生によい影響を及ぼすことでしょう。たった３ヶ月。それ以降は、間違いなく楽しくなるはずです。

6章

# 新規事業を立ち上げるとき

# 私が気をつけていること

## 最小単位ではじめる

3章で、選ぶべき職種がある、ということをお話ししました。ここでは、新規事業を立ち上げるときに気をつけることも含めて、くわしくお話ししていこうと思います。また、独立する際に気をつけてほしいことも述べていきます。同時にそれは、私自身が新規事業を立ち上げるときに気をつけることでもあるからです。

私が新規の事業を立ち上げるパターンとして、まずは「それをはじめるときに必要な最小単位」からはじめることを心がけています。

できることなら、店舗も持たずに独立できるものが理想です。

私がエステ店を出したとき、「かっこいい店舗がほしいなあ」と、立地のいい場所を選び、少し大きな店舗にしてしまいました。その結果、一番苦しいスタートダッシュの時期を黒字化させるのに多少苦労しました。

本来なら、エステ店のような職種でも、まずは自分の部屋の一室からはじめることも可能なのです。そして、顧客がつくようになったら、それから初めて店舗を持てばいいのです。まず、マンションの一室からはじめて、1年間は口コミ中心に広げていくのです。そうすれば、失敗はありません。お金をかけるなら、むしろ広告費です。自費出版でもいいので本を出しておいたり、小冊子でもいいので口コミツールをつくることです。このほうが効果的です。事務所より、広告費のほうが大切なのです。

忘れもしない、最初の私の独立の場合は、車に自動車電話をつけ、それを事務所にしました。登記は、知り合いの会社の机をひとつ借りて住所にしました。事務員はなしです（たまに、その会社の事務員さんが手伝ってくれた）。またスタッフもなし。必要なときはパートタイムで助けてもらう。でも、2億７０００万円まで売上げることができました。たった1人ですから儲かります。そして、実際にちゃんとした事務所を借りたのは2年目のことです。

ちなみに、グループの中で年間20億円を売上げるある会社は現在も貸事務所で、家賃は月15万円です。

# 可能な限りリスクを減らす

ビジネスは、常にリスクとの戦いです。リスクをあらかじめどれだけ排除できるかが勝負の分かれ目になるのです。少ない開業資金ではじめた場合、撤退も簡単です。最初から撤退を考えるのではなく、「撤退してもそんなに損はない」という心持ちでいるということです。これがないと、心の余裕がなくなります。焦って行なうビジネスによい結果は生まれません。ですから、精神的な余裕を持っていけるよう、お金の流出を最大限減らして、失敗しにくいようにリスクを減らしておくのです。

このように言うと、「死ぬ気でがんばれ！　背水の陣を取れ！」と言ってみたり、「リスクを排除し、撤退しやすいようにしろ！」と言ってみたり、いったいどっちやねん？　とお思いになるのではないでしょうか。

少しここで説明しておきます。まず、ビジネス上の戦略については、リスクをできる限り減らしておくべきです。試合においては、相手の弱みを知り、自分の攻撃は当たる、でも相手の攻撃はもらわないという、できる限り都合のよい作戦を組むべきです。よく言う、戦う前に勝つ、戦略の部分です。つまり、ちょっとでも「負けにくい」状況を作っておくのです。

しかし、いったん作戦を立ててリングに上がったら、死ぬ気でがんばる。また、その作戦を遂行するために毎日重ねるトレーニングも、同じく死ぬ気でがんばるというものです。

つまり、たっぷりと使うべきなのはお金（資金とか人数）ではなく、自分自身の行動です。そこは出し惜しみなく、また、「成功回避不可能な背水の陣」の状態にして進めてください。自分の行動、がんばりはどれだけ使ってもリスクは増えません。とにかく目いっぱい使ってください。

## 負けられない戦い

格闘技の試合でも、最初のラウンドで一気呵成にラッシュする選手がいます。最初に当たった者の勝ち、当たればKO。もし、相手の攻撃をカウンターでもらったら逆にKO負け。

基本的に、ベテラン選手はこういう攻め方をしません。ジャブを出し、軽いローキックを飛ばして相手の様子を見ます。そして、攻められるところを攻めていくのです。もしくは、タイミングを測っていく。ビジネスでも同じです。プロの試合では、どっちが勝つにせよKO

で決着がつけば、その選手の人気は上がります。スリリングさが喜ばれるからです。だから、玉砕覚悟で試合を進めて実際に玉砕しても、それはそれで別にかまわないのです。

しかし、ビジネスではたった1回のKO負けが許されません。負けるわけにはいかないのです。観客を湧かせるスリリングなKO勝ちでなくても、判定勝ちで十分なのです。というか、ビジネスにはKO負けはあっても、KO勝ちはありません。ゴールがないからです。最後までリングに立っていることが、一番大切なのです。必ず勝てる環境を作るための要因のひとつとして、予想できるリスクをできる限り減らしておくのです。

リスクを取れということは、予想できるリスクを徹底的に排除したうえでの言葉なのです。

## 最初の3ヶ月が底力を養う

また、ビジネスで最も難しくたいへんな時期というのは最初の数ヶ月です。この数ヶ月を乗り越えれば、後は楽になるものです。これは拙著『凡人の野望』に書いたので詳しくは書きませんが、1年の目標を4分割して、最初の3ヶ月で目標の1割を達成するくらいの気持ちでちょうどいいのです。

そしてまた、この最初の数ヶ月が経営者の底力を鍛えます。ですから、「最初は1人ではじめたんだから」と言える職種が理想です。もし複数の人数が必要だとしても、なるべく最初は1人で3人分くらいはやってください。

「最後は俺1人になってもやっていく。もう一度最初に戻るだけだ」――どんな大会社でも、強い経営者はそんな気持ちを持っているものです。創業社長とそうでない社長との違いの多くは、ここが原因だったりします。

今、私のところの次世代グループリーダー候補には、グループ会社の社長をやらせる前に、1人でビジネスを経験させるようにしています。たとえ小さなビジネスでも、自分ですべてを行なってお金の勘定をする。この経験が非常に役立つと思うからです。

# 定着しているところで勝負する

## うまくいきやすいビジネス

あなたがこれからビジネスを選ぶのであれば、できる限り、世間に定着しているビジネスをお勧めします。なぜなら、そのほうが勝率が高いからです。多くの人がそれで食べている、つまりうまくいっているということは、うまくいきやすいビジネスだからです。

すでに誰かが通った道を通るのはたやすいことです。前を歩いている人の後ろについていけばいいからです。世間によくあるビジネスのほうがはじめやすく、認知もしやすく、何よりモデリングができます。デビュー戦は堅くいきましょう。ここで負けたら次がありません。

「そんなことはできない！　俺は男だ！　道を切り拓いてやるのだ！」と思われるのは自

由です。しかし、資金的に余裕を得て、それからでも遅くはありません。資金ができると、次のステップが見えてくるからです。

「誰もやっていないビジネスをやるんだ！」と言っている人の結果は、大きく分けてふたつです。ほんの一握りの宝くじのような確率で超大成功者になるかポシャるか、そのどちらかです。

楽天は、ネットの先駆けで大成功を収めました。こういう人になりたい（なれる）と思うなら、まだ誰もやっていないビジネスを構築するべきです。しかし、私はその方法は知らないし、自分の体験も書けません。私のようなボンクラには、たぶん無理だと思います。ですから本書では、小さな（私程度）の成功を確率高く収めるほうをお勧めします。

誰もがやっていない＝成功する人が限られている、ということを理解するべきです。

## "ニッチを探せ"の誤解

たとえば、ニッチを探せという言葉があります。でも実際のところ、ニッチ産業を見つけてそこで成功することは、非常に難しいのです。産業自体がニッチだった場合、ビジネスの認知度を上げて切り拓くのに資金が必要になったり、何よりお客様の総数＝パイが小さいことが多いのです。

そういう意味でも、世間に定着している、ある意味「誰でもやっている普通のビジネス」のほうが成功する確率が高いのです。

また、ニッチな産業はお客様の数が少ないものです。ニッチに存在する100人の消費者から1万円ずついただくより、すでに定着している産業の1万人の消費者から200円もらったほうがずっと多いし、何より楽だからです。

もしニッチを探すのであれば、定着している、つまりパイの多い産業の中で、自分の位置づけをニッチにいればいいのです。

私の場合は、定着している産業、たとえばエステ店なら、その中で「顔のタルミ専門」を謳っています。また住宅なら、「子育て世代」専門。ビル管理会社なら「空室を埋める」専門、コンサル事業なら「お客様第一の会社」専門です。

誰も知らない新しいものを追う必要はありません。すでに誰かがやっていて、うまくいっているものを学んでいったほうが効果的です。新しい格闘技を作ろうとして一つひとつの技を開拓して流派を起こすより、既存の格闘技を学んだほうが、ずっと楽に強くなれるのです。

# 開業資金よりも必要なもの

## スキルは一番大きな財産

専門知識はあなたの武器です。なぜかと言うと「真似ができない」、つまり参入障壁を上げることができるからです。あなたがこの先売れてくると、ライバルはあなたの真似をし、邪魔をするようになるかもしれません。ノウハウは、いともたやすく真似をすることができます。しかし、スキルの高さは真似するまで時間がかかるのです。

参入障壁が高いほど、ビジネスはうまくいきます。参入障壁を高くするには、資金が要るとか、人数が要るとか、特殊な仕事であるなどの理由が必要です。しかし、私たちには資金とかそのようなものはありません。私たちが持てるものは唯一、「専門家である、そのレベルが高い」ということです。これだけはお金をかけずに、しかも独立前に高めておくことができるのです。必要なのは個人の努力だけなのです。

従業員時代にハードワークした経験が、ここで役立ちます。他社の資金力やブランドに対抗できるだけの、専門家としてのスキルを高めておけば、十分に戦うことができるのです。

そして、それをスタッフたちに教え、従業員全体に最高のスキルがついたとき、どのライバルも真似のできない、あなたのビジネスが確立していくのです。そのとき、あなたは引退しようと思えばビジネスから引退し、不労所得を得ることもできるのです。

スキルを身につけるには時間がかかります。また、すぐにはできないかもしれません。でも、このことを自覚しておくだけでも必ず変わるものです。誰でもできるビジネスは、専門知識やスキルの出る幕がありません。そのため、ライバルとは差をつけにくいのです。逆に、専門知識が必要なビジネスは、それだけで参入障壁が高くなるということです。

専門知識と言うと、弁護士とか会計士などを思い浮かべるかもしれません（もちろん、それでもいいです）が、私の言うのは資格のことではありません。八百屋なら誰よりも野菜に詳しいとか、マーケティングのスキルが高いとか、そういったものです。

お金やバックボーンのない私たちは、専門知識でのスキルの高さを持っていないと、他の会社とは戦っていくことはできないのです。むしろ逆に、ここだけは個人勝負で、大会社に対抗できるところと言っていいでしょう。

# 売値は自分で決める

## なぜ、エンドユーザーに直接販売するのか

私はかつて、エンドユーザーに直接販売をしていなかったために痛い目を見たことがあります。そのため私は、新規事業においては、常にエンドユーザーに直接販売できるものを選ぶようにしています。私のところには、「事業に失敗した元社長」が少なくありません。人数にして、グループ総社員数の5％なので、割合としては多いと思います。昔はビルを何件も持っていた、県ではトップの会社社長だった……しかし、その会社が潰れてしまったのです。

これは、彼らが「下請け」と呼ばれる業種だったことが大きな理由です。下請けがすべて悪いとは言いません。しかし、いくつか気をつけてほしいところがあります。私のお話しに

戻しましょう。

Ｉ社長に世話になってはじめたビジネスは、もちろん自分の経験上、建築の工事専門会社でした。従業員は私１人。開業資金もあまり必要なく、自分の言うことさえ聞いてくれる職人がいれば、やっていけるのです。Ｉ社長は仕事を紹介してくれ、資金的にも楽になるよう、回収時期まで世話を焼いてくれました。

ほんの数年前に独立して成功していたＩ社長から学んで（真似をして）いたので、すべてうまくいきました。独立する際に必要なことの多くは、偶然揃っていたと言えるでしょう。ただ、エンドユーザーに直接販売する、といったことを除いては。

１人だった私は気楽に仕事ができ、わりと評判もよく、下請け工事専門店としては地域でトップレベルの売上げになっていきました。当時は、バブルの残り火があり、まだ世間も景気がよかったのでしょう。このままいつ死んでもいいな、俺の人生はとても楽しい、自分にとっては考えられないような人生だな……そう思っていました。

社長業は楽しいものです。自分で、自分のスケジュールをすべて決めることができます。人に言われてやるのが嫌いな私は、それだけでもうれしかったのです。収入も、ある程度高くなりました。年収１０００万円くらい。もともとは、ビジネスなんてできるとは思っていなかったし、飲みに行くと「社長」と呼ばれ、何となく大事にしてもらえます。六本木の街中で、黒人のブラザーから「シャチョウ」と呼ばれるのとは少し意味が違います。

## 下請けの悲哀

最初の独立をしてから4〜5年たった頃、しだいに収支が厳しくなってきたことに気がつきました。元請けの景気が悪くなっていったため、当然ながら物件数が減ってきていたからです。そして、どんどんその傾向は進んでいきました。そして、私の会社は赤字になっていきました。しかし、下請けをしていた私たちには、

**①集客および営業力がない（エンドユーザーに直接売る力がない）**

**②販売戦略を左右できない**

という弱点があったのです。

私には、この状況を打開するアイデアがあったので、元請けを回って自分のアイデアを話しました。商品を簡略化するために、単一商品のパッケージを出しましょう、積算や原価、必要なものはすべて出します、もしうまくいかなかったら責任は取ります、一度やらせてみてください云々……。

しかし、やはり聞き入れてはもらえませんでした。普通の従業員は変化を恐れます。「またこいつ、ややこしい面倒な話を持ってきやがって」くらいの感じです。私に共感してくれた人はごく少数でした。

このままではいけない、そんなことを思いはじめていました。

下請けは、手形をもらいます。そして、それは現金化されるまではただの紙切れです。もし元請けが倒産してしまえば、一切お金にはなりません。不払い、倒産による手形の不渡り。下請けは、ほとんどこれで潰れていきます。生殺与奪の権は、すべて元請けが握っているのです。

私のところにいる〝元社長〟たちも、ほとんどが手形の不渡りによるものが直接の倒産の原因でした。なので、まだ自分の会社が弱い時期は、できれば手形は避けたいところです（私は下請けの辛さをよく知っています。だから創業以来、一切の手形は使っていません。すべて現金で支払っています）。

私も例外ではありませんでした。私の会社は、7年目にして実質の赤字が4000万円になっていきました。誰でも、赤字や借金は嫌なものです。昔、私の父は毎日電話で、「今月、4000万円足らん、5000万円足らん」と話していました。その姿が脳裏をよぎりました。毎日眠れない日が続きます。「俺も、父さんのように倒産するのかな」と、家族にジョークを言ったりしていました。

## 付加価値がつけやすい

ひとつ、例を出しましょう。私が以前販売していたビデオは、会社関係に販売していました。しかしこの場合でも、私はB to Bとは判断しません。価格決定権はこちらにあるからです。定価24万円のビデオなのですが、バックエンド商品を入れて約3億円を売上げていました。このビデオの原価は、たかが知れています。しょせん数千円です。24万円の値段には、「付加価値」がついているのです。録画して、DVDにしてパッケージする。テキストを製本してつける。しかし売値は高い。

これはどういうことかというと、中の情報に付加価値がついているということです。この付加価値は、エンドユーザーに直接販売する人間だけが手にできるものです。下請けやB to Bにおいて、「自分以外にその商品を持っていない」場合はかまいません。しかし、一般的にはかなり少ないパターンです。ですから、お金を儲ける、利益を上げるということについては、やはりエンドユーザーに販売したほうが「付加価値も含めた本来の相場」で売れる、ということになるのです。

## 下請けからの脱却

さて、金銭的にも将来的にも非常に苦しくなった私は、第二の独立をすることを決意します。

言ってみれば、ＢｔｏＢからエンドユーザーに対する直接販売への切り替えです。しかし、私には作るスキルはあっても、売るスキルがありません。セールスマンレベルで売るスキルくらいはあったと思いますが、一般不特定多数のお客様に買ってもらうためには、まずは「知ってもらわなければ」話にならないのです。それは、下請け時代にまったく経験のないものです。そういう行動は一切取っていないし、立場上取れなかったのです。

このときも、私は結果的に大きな偶然に助けられることになります。成功者なら誰にでも必ず存在する「幸運」、そして、すでにその分野で成功している先輩、現在の私の師匠、平秀信氏との出会いです。

# 7章

# 人生を逆転させる、売れるチラシ

# 集客がないと何もはじまらない

## 下請けをやめたきっかけ

下請けを脱却したいと考えた私は、さまざまなセミナーに出ました。ある上場企業のセミナーの帰り、当時専務だった小林と、「おい、独立（直接販売）するか」「やりましょう」の二言で、私たちの元請けとしての独立が決定しました。小林も、同じことをずっと考えていたのでしょう。

当時は、私と小林、そして藤田という3人でビジネスを行なっていました。私たちは、自分で言うのも何ですが、よく働きました。正月も大晦日もなく働いていました。元請けから、「おい、ちょっと手伝ってくれ」と電話があれば、どんなときでもすぐに駆けつけました。

ある大晦日の夜、家の屋根が雪で壊れたという連絡がありました。元請けの従業員は、みな正月休みで携帯にも出ません。誰もいない事務所に社長だけが残っていて、唯一連絡が取れた私たちに電話をした、ということです。私たちが建てた家ではなかったのですが、お世話になっている社長の頼みなので、すぐに駆けつけました。雪が積もっているのですべると危ない、と裸足になって屋根を直しました（鳶の経験が役に立ちました）。

すると、被害にあったその集落の人たちが「われもわれも」と元請けの社長に頼みます。そんなことで一晩中、その雪害にあった集落の屋根を3人で直し続けました。除夜の鐘は、足が冷たくて痛みで耳に入りませんでした。

元請けの社長は喜んではくれましたが、お金は払ってもらえませんでした。「お客さん（隣の人たちも含めて）が、サービスと（勝手に）思っていたので払ってくれない」という理由からでした。

また、毎年台風があると夜通し寝ずに車で走り回り、元請けの建てた家をぐるぐると回りました。誰にも伝わらないけれど、それが自分たちの役割だと思っていました。もし何かあったら動く。7年間、ずっとそうやって過ごしてきました。いつもお世話になっているのだから、と苦にはしていませんでした。そんな俺たちを可愛がってくれるだろう、そう思っていたのです。

ある日のこと、一番多く仕事をくれていた元請けの社長が、「あいつらを切ろうと思っている」と言っていた、という話を聞きました。それを聞いて、涙が出る思いでした。一所懸命務めてきたつもりでも、こうなるのか……景気の悪いのはわれわれのせいではない、何より、最後の1年間は私も含め、社員の給料も出ないことがほとんどだったのです。ただ働きどころか、持ち出し状態でした。

それでも、私たちを信頼してもらえるのであれば、まだがんばれる。しかし、それがなくなれば、もう自分たちはこれ以上はがんばれない。お世話になるのもここまでだな、そう思いました。

下請けから脱却したい、しなければ食べていけない。しかし、もし自分たちで仕事を取るようになれば元請けたちとバッティングするかもしれない……そう思って、1年以上も躊躇していた私は、やっとふんぎりがついたのです。冒頭のセミナーでの話は、そんなときの出来事だったのです。

そして、そのセミナーで講師をしていたのは、偶然にも現在の私の師匠である平秀信先生だったのです。

## 最初に困るもの

家を作ることについては地域でトップ、と自負していた私たちには大きな不安がありました。当時、私たちが家の値段を出し、その原価に元請けが2割の利益を載せてお客様に販売していました。そのときも、ほとんど見積りで負けたことはありませんでした。

そのため、私にはひとつ自信がありました。「この地域で、俺は誰よりも安くていいものが作れる」ということです。野菜であれば、お百姓さんが産地直送の野菜を売るようなものです。絶対に売れるという確信がありました。しかし、買ってくれる人がいなければ、まったく話になりません。

もし、「家を建てたい」と考える人が1人でも自分の前に来てくれたら、私は売る自信がありました。セールスと呼べるようなレベルのものではありません。土下座してでも、「私を信用してください。絶対に損はさせません、もし建ててみてガッカリしたら、この腕を持っていってもらってもかまいません」。そう言いきる覚悟くらいは持っていました。

私たちに必要なものは、そしてあなたが独立する場合、最初に困るものは、買ってくれる見込みのお客様、マーケティング用語で言うところの「見込み客」だったのです。

## 全国売れている店スパイ作戦

私たちは、できる限り義理を欠きたくないと思い、元請けからの仕事をすべて終わらせて、それから販売活動をしようと考えました。元請けからの仕事を進めながら、自分たちで新しい受注を取れれば、経営的には楽になります。

しかし、それはルール違反と考えました。自己満足かもしれないし、誰にも伝わらないかもしれないけど、俺たちは俺たちのルールを優先しよう、と当初の予定通りに進めました。しかし、苦しかったです。3ヶ月間まったく収入がないのです。また、ただでさえ赤字なのですから。

私たちにとって、販売開始の最初のイベントで売れなければすべて終わりです。余力はありませんでした。最初のワンアクションが、そのまま最後のチャンスだったのです。

ただ、元請けの仕事を片付けている間、少し時間がありました。そこで、私は昔懐かしいスパイ作戦を行なうことにしました。私たちに必要なのは集客、つまり具体的に言うとチラシでした。しかも、まったく初めての経験。ならば、出稽古をすればいい、つまり知っている人に教えてもらえばいい、と考えたのです。

ここで、スパイという名称を使いますが、こっそりと盗み見するのは、あまりお勧めできません。相手にきちんとお願いしたうえで教えてもらったほうが、よくわかります。そうすれば、道義上の問題もありません。

私は、全国の「私に似た」社長に連絡を取ってお願いをしました。福島県で2年前に独立してうまくいっている人、下請けから元請けに変わった人……何人もそういう人がいました。私は彼らにお願いして広告を教えてもらいました。当時は、みんな無料で喜んで迎えてくれました。ある神戸の社長は、わざわざ現場も案内してイベントにも呼んでくれて、懇切丁寧に教えてくれました。

そして、私の第一号のチラシができ上がりました。

売れている、という全国のチラシを集めて、そのよいところを集め、すべて自分で直しました。言ってみれば出稽古をして、他のジムの強い選手から学んでいったのです。ここで、キック時代の経験が役に立ったのです。

## 神頼みと誓い

イベントの前日、私は不安で夜も眠れませんでした。とうとう、明日の朝チラシが出る。初めて作ったチラシ。最初で最後のチラシになるかもしれない。誰か1人でも来てほしい。たった1人でいい。その人に、家を建ててもらえるようにお願いしてでも、必ず依頼をもらう。その覚悟も自信もある。でも……。

もし、誰も来なかったら……。

「俺ら3人で、もう一度最初から、基礎屋でもやろう」

私たちは、3人でそう決めていたのです。

当日、私たちは朝もやの中、近所の神社に行き、「神様、たった1人でいい、何とかお客様を呼んでください」とお願いをしました。

当日、開始時間前にもかかわらず、多くのお客様が来場してくれました。不安にかられて待っている私たちの目の前に現われてくれたお客さんの姿は、今でも忘れられません。そのお客様は、今も私たちの建てた家で幸せに暮らしてくださっています。

そのお客様は、現在の社長である小林にこう話してくれました。「私たちがあんたたちと出会ったのは、チラシ1枚がきっかけだった。そのときは、会社の名前も聞いたことがなかった。今は、この地域なら誰に聞いても社名を知っている。あれから大きくなったね。俺らもうれしいよ。間違ってなかったなあ、と家内と話してるよ」

私は、引退した今でも、たまにイベント会場に出向きます。そのとき、お客様の来場してくれている姿を見ると、あのときの感動がよみがえってきて、つい涙目になってしまいます。下を向いて数秒間してからしか、イベント会場に入ることができません。そして、この気持ちを忘れたら、私は終わりだと思っています。

# 優良で誠実であることを誠実に相手に伝える技術

## 広告は作る人の魂の表われ

今私は、マーケティングなどのセミナーを行なっています。広告のノウハウ、セールスやマネジメントのノウハウです。しかし、どんなに優れたノウハウでも、気持ちが入っていないとまったく結果は出ない、と私は言っています。参加者の人から、「チャチャッとテクニックだけ教えてくれよ」的なことを言われると「金は要らん、帰れ！」と叫んでしまいます（ですから、コンサルティング部門のスタッフは、あまり私に来てほしくないみたいです）。でも、これって大切なことではないでしょうか。

会社の、というか社長の、お客様に対する気持ちと姿勢が表われたもの。これがチラシであり、広告であるべきだと思います。それを作るスキルは、マーケティングの大前提、「優良で誠実であることをお客様に伝える技術」であるべきだと思うのです。広告、とくにチラシは、自分自身そのものでなくてはならないのです。

## 商品チラシ

全国から集めたチラシを参考に作った私のチラシ第1号（155ページチラシⒶ参照）は、イベントで43組ものお客様を集めてくれました。これは、業界において、平均の数倍のパフォーマンスです。参考までに言うと、住宅会社で1回のイベントで集客できる数字が、ほぼ1年間に受注できる数字とイコールである、と私たちの調査では出ています。それより少なければ営業レベルが低い、それより多ければ営業比重が高いということです。

つまり、私が最初に作ったチラシは、年間約40棟受注できるレベルのものだったということです。年間40棟というと、だいたい地元工務店のトップレベルです。私たちは胸をなでおろしました。

実際、最初のイベントで、すぐにご契約くださった方が3件ほどお見えでした。このまま

「日本一への挑戦」ということは、今は日本一でないということ。
具体的に何をしてくれるのか、何がしたいのかわからない。
チラシで一番目につくところは左上。
この最も重要な位置に、意味のない言葉を置いた失敗例。

商品名「サティートラスト」……何のことかわからない。
耳当たりのよいネーミングではなく、ひと言で意味が
伝わるものにするべき。

何だかよくわからないが、建設省推進、認定などと書いてあるので
お墨付き的なイメージが伝わる。自社の持つ認定、受賞歴など、
できる限りお客様にお伝えした方がよい。

イベントの日付・時間は、最もわかりやすい所に配置したい。
ただ実際にお客様が行動を起こす地図の上に、目立つように
配置したほうが得策。

消耗品であれど、かつ理由のいかんにかかわらず、一切の不具合に対し
7年間無料で保証いたします、という内容がうたわれている。
お客様から非常に好評をいただいた。

高性能、高品質、安心価格などと書いてあるが具体的な説明がなければ
お客様は信じてはくれない。耳当たりのよい言葉よりも、物理的な事柄、
具体的な数字を表記しよう。

商品説明スペース。カタログのような書き方になっている。
たしかに「わかりやすい」とご好評いただいたが、しょせんモノを説明しているだけ。
社長をはじめ、つくり手の顔は一切出てこない。つまり、人を売っているのではなく、
モノを売っている。

※このような商品チラシはイメージ広告と呼ばれるチラシよりは反応があると言われている。
イメージ広告（ブランド名を浸透させるためのチラシ）は、広告費をたっぷり使える大企業の戦略であり、私たち中小企業が用いるべきものではない。

## ◉全国から集められたチラシを参考に作ったチラシ第1号（商品チラシⒶ）

※ノウハウ提携先の問題のため内容の一部及び個人においての情報は記載を控えさせていただきます。

うまく行くか？　一時はそう思いました。しかし、そう簡単に問屋はおろさなかったのです。なぜなら、1回目のチラシに続いて、安心しながら出した2回目のチラシは半分以下、その次はさらに半分……あれれ？？　どんどん来場するお客様は減っていったのです。

今考えると、何度も同じものを出せば、飽きられて当然です。1回目は商品のチラシ。商品チラシと呼ばれています。この商品は何がついていて、これいくらです。そりゃあ1回見れば十分だわな……。

## 自分の人生を大きく変えてくれた師匠との出会い

広告の反応率が落ちてきたことに先々の不安を感じた私は、あるセミナーに参加しました。そのセミナー会場で、ある不思議な光景を目にしました。前列に座っている人（参加者）が、変わったチラシを持っていたのです。後ろからなので、その人の顔は見えません。そのチラシは白黒で、たくさん文字が書いてあって、普通のチラシとは一見して違います。そして、何とセミナー講師が、そのチラシを持っている人にペコペコ頭を下げ、「ぜひ、教えてくださいよ」とお願いしているのです。

セミナー講師がペコペコお願いする参加者。「む、これはただ者ではない」と思った私に、「教えてくださいよ、ひらさん」という講師の声が聞こえてきました。あれ？　ひらさん？　たいらさんは多いけど、ひらさんは少ない。ひょっとして、私が独立するきっかけになったセミナーの講師をされていた平秀信先生ではないか？　続けて講師の声が聞こえてきます。

「100組？　すごいですね」……100組？？？

休憩時間に、私は飛び出すように平先生の前に行き、「平先生、それはチラシですか？　私にチラシ教えてください！」と叫んでいました。

「いいよ」と軽く二つ返事で平先生は答えてくれました。これが、私の人生を大きく変えることになる、師匠でありまた兄でもある、平先生との出会いになるのです。

## またまたファインプレー

人生では、いろいろなところで、自分ではコントロールできない偶然が起こります。私の場合、それが連発しています。そのステージで、いつも誰かが私を助けてくれるのです。まるで、わらしべ長者のような感じです。でも、白帯には色帯の先輩、色帯には黒帯の先輩がいます。自分のレベルが上がるたびに、つまり次のステージを目指したとき、新たな景色が現われる。そしてそれは、人生のうち何回も訪れるものだと思うのです。自分自身が成長することで、そのときの自分にとって必要なメンターが現われるのです。

私は、先輩たちのおかげでここまで来ることができました。小さな成功ですが、自分としては考えられないレベルまで来ることができました。そして、いろいろな自己啓発書に書いてあるように、この偶然には、わずかながら原因があるのです。

何度も言うのでこれで最後にしますが、たったひとつのファインプレーがそれを引き寄せてきました。

セミナーで、私はこのときのことをよく話します。

「私は1年以上、そのノウハウ、そして平先生の教えを独占しました。そのおかげで、先駆者利益をたっぷりと得ることができました。私と同じことをやれば、誰でも成功できたでしょう。もし、私にファインプレーがあるとしたら……」

「そのとき私の他に、会場には工務店の社長が200人以上いました。そして、全員がその光景を私と同じように見ていたのです。しかし……」

「自分から手を挙げたのは私だけだったのです」

# 売れる広告の真髄

## 自分を表わすチラシ

私は平先生という師匠を得て、新しい集客法を手に入れていきます。集客にはじまり、セールス、マネジメントなど、マーケティングのすべてを平先生から教わりました。実際のところ、集客だけでなく、ビジネスや人生のほとんどを学んだと言っても過言ではありません。先生と私は、根本的な価値観は同じですがタイプは違います。

でも、その違いがまたお互いに相乗効果を生むようです。先生はトラクターであり、何より行動力の塊のような人です。とても真似ができません。私はそれを均していく役割。チームを作ったり、対人関係が得意です。現在は、先生と株の持ち合いで2つの会社を経営していますが、情報部門は先生、現地部隊は私、と役割分担がはっきりしています。

さて、チラシの話に戻りましょう。平先生の指導（当時はまだコンサルティング活動をされていなかったので、私のひとり占め）で、私は新しいチラシを作るようになりました。

業界で有名な平式チラシ。一部では、チラシ自体が30万円で売り買いされている、と言われたこともあります。その平式チラシに、私なりのアレンジを加えたものを作りました（163ページチラシⒷ参照）。

その結果、イベント会場はお客様で埋まりました。私の会社では、1回のイベントでのご来場が、一会場で平均120組を超えます。一番多かったのは、2日間で257組でした（164～165ページチラシⒸ参照）。のべ1600人近くの人が一軒の家に集まってくださったのです。

これらのチラシは、すべて「何度も出したら効果が落ちる」というものではありません。商品を説明しているわけではないのです。自分たちの姿勢を謳っているのです。

## 私たちのチラシの作り方

住宅のような高額商品の場合、商品がいくらで何がついているというのはアピールポイントにはなりません。また、その程度のことは、お客様はすでにホームページで確認しています。

高額商品の場合のポイントは、その商品はまだ作っていない、つまり現物がないということです。つまり、知らない人から「今から、君のために弁当を買ってきてあげよう。中身は海老フライとステーキだ。エビは3匹も入っている。肉は300グラムで、普通で買えば2000円はするという代物だ。ご飯はコシヒカリ。新潟から直接仕入れてきた。しかも炊き立て。これで1000円は安いだろう。俺に金を預けろ」と言われているようなものです。

しかしそのとき、お客様が一番知りたいのは「ところで、その前にあなたはだあれ？」ということなのです。

家に限らず、まだその商品の現物がないときのお客様の興味は、あなたはいったいどんな人なの？　本当に信用できるの？　というところであり、こちらのほうが大切です。弁当くらいなら、「弁当代持ち逃げされちゃった」くらいですむかもしれません。しかし、高額商品になるとそうはいきません。「信用できる相手かどうか」は、最も大切なことなのです。

私たちは、自分たちが「優良な商品を誠実に販売することをお客様に伝える」だけなのです。これが、私が最初からお話ししているマーケティングの真髄です。自分たちがいいもの

「返金保証付き住宅」——理由のいかんにかかわらずお気に召さなければ
全額返金いたします、という保証。多分業界初というか、考えられない内容。
それだけ自信があるという姿勢の表われ。
(返金を求められる方が1人もいらっしゃらなかったため、現在は実施していない)
チラシは、最初の0.2秒で「このチラシを読もうか、読まないか」を無意識に決めると
言われている。そしてチラシで最初に目が行くところは左上。
この、チラシにおいて一番重要な位置に、誰もがあっと驚き、お客様にとってメリットがあり、
決して無視できないキャッチコピーを入れる。

商品名「子育て世代のコミコミ住宅(登録商標)」ひと言でわかる商品名。
子育て世代のための家であり、すべての金額がコミコミ表示であることがわかる。

チラシで2番目に目が行く場所、ボディーキャッチと呼ばれている。キャッチコピーを受け、
次のボディーコピーにつなげていく。

ボディーコピー。自分が言いたいこと、姿勢等をくわしく伝える。

商品説明スペース。商品チラシほど多くはないが、多少説明をしている。
地域での認知度が高まれば、これらは除いてもかまわない。
ただ文字の認識率の都合上、写真を入れてバランスをとるのもよい。
写真のまわりのコピー(キャプション)は非常に認識率が高いため、
重要なコピーを入れたい。

お客様の声は非常に重要。並んでいるラーメン屋には更に行列ができるのと同じ。
また、自分で自分のことを褒めると誰もがいやがるが、お客様が褒めてくださる分には
その限りでない。このようなお客様の声は常にいただき、事務所にも貼っておくこと。

社長の顔、住所、家族構成、これらをすべて明かしている。
裏面になるが、スタッフ、職人、自宅の電話番号まで明記している。
地元で仕事を続けていき、逃げ隠れしないという姿勢の表われ。
転勤が多い、社長が地元にいないという、大企業には真似ができない部分。
地元中小企業ならではの強みを活かしている。
社長のプロフィールを明記し、資格・実績などを伝え、専門スキルの高いことをお伝えする。

## ◉売れるチラシ（自分の姿勢を表わすチラシⒷ）

※ノウハウ提携先の問題のため内容の一部及び個人においての情報は記載を控えさせていただきます。

「今回の会場は社長の家です」
とのキャッチコピー。
家の場所も中もすべて公開している。
地場工務店No1と言われる
住宅会社を経営する人間が
いったいどんな家を建てるのかは
お客様でなくても興味のあるところ。

社長一家。実際のチラシは
かなり大きく、家族の顔を明確に
認識できる。この地域で、
決して恥ずかしい仕事はできない。
家族にも覚悟は必要。
（友人の会社で、このチラシの
真似をしてみたところ、子どもさん
がまだ小さく、学校でからかわれ、
イジメにあったという事件があった。
ご注意を）

先ほどと同じ。

プロフィールはしっかりと。


この会社のお客様は子育て世代のご夫妻。

ほとんどの方はアパートで暮らしている。

社長自身がアパート暮らしをしていたので、自分自身の毎日の光景、その時の心情を書く。

お客様の現実に自分自身を重ね合わせる。

アパートで暮らすこと自体は決して悪いことではなく、
それはそれで楽しい生活なのだということもきちんと伝える。

子どもの寝顔を眺めながら缶ビールのフタを開け、奥さんといろいろな話をする。

これは、同世代の夫婦の毎日の情景と重なる。

お客様から見ると、自分たちの友人のように共感し実感してくださる。

※ノウハウ提携先の問題のため内容の一部及び個人においての情報は記載を控えさせていただきます。

## ◉売れるチラシ（自分の姿勢を表わすチラシⓒ）

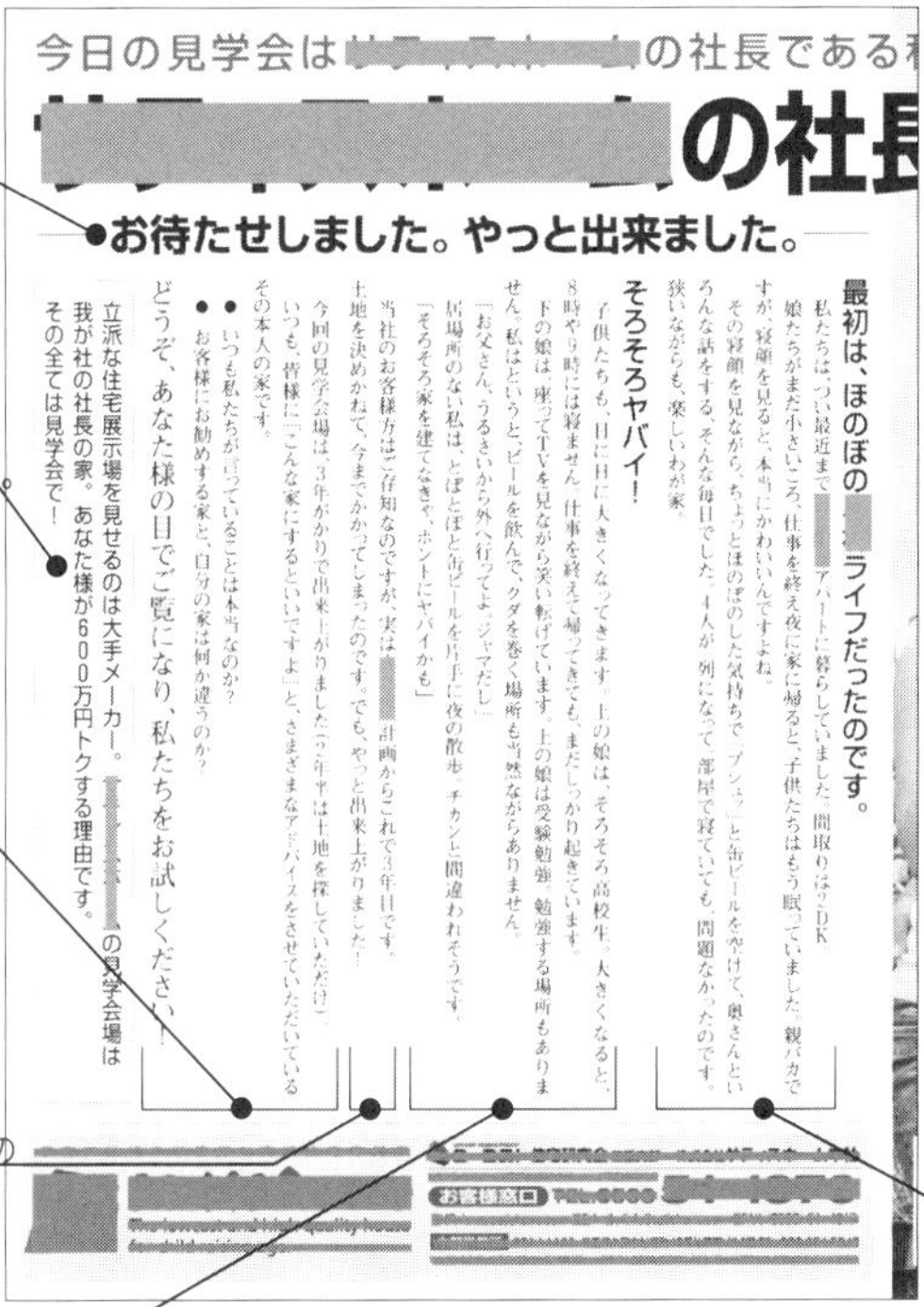


建築中、レポートをお客様に
毎月お送りし、出来上がるのを
今か今かとお待ちいただけるよう、
期待感を高めていただく。

展示場を持っている会社は経費が
かかる。わが社の展示場は社長の家。
経費がかからない分、お客様に
金銭的メリットをさりげなくお伝えする。

結論に入ります。
いつもさまざまなアドバイスを
させていただいている私たちが、
自分の家として実際に建てる家は
どんな家なのかをお確かめいただく
ことが、このチラシの目的。

アパート暮らしのお客様は土地から
探される方が多い。
事実、社長自身も土地を決めるのに
2年以上かかった。2年間お客様には
「私と一緒に探しましょう」と土地探しの
アドバイスを続け、毎月の情報誌にて
お送りしていた。

アパートで暮らしていたときも楽しかったが、実際はいろいろな問題が起きてくる。
これもまた、お客様の現実と同じ。ともすれば、経営者は自社のお客様と感覚が違ったりする。
お客様が現在感じている心理的な不安、問題や希望がわからなくなってしまっては、
決してお客様の信頼を得ることはできないし、お客様の心に響くコピーをつくることはできない。
この場合、社長自身がお客様と同じ体験をしてきたことによって、
お客様の現実と共感することができた。
つまり、この会社のお客様はまったく同じ問題を抱えている。

※裏面チラシには時期、地図、多少は家の説明も。
このチラシは1会場2日間で257組、延べ1000名を越えるお客様がご来場。
当日、手に手にお祝いを届けてくださるお客様も多く、上記の他にOBのお客様も
お集まりくださった。
建築屋冥利につきるとはこのこと。

を作っている。そして、それはお客様にとって絶対に価値のあるものだ。それを誠実に販売したい。もし、お客様にとってそれが価値のないものなら頼まれても売らない。どうやればそれが伝わるか。これが、チラシの中に書くべき文言なのです。

## 売れるチラシはひと目でわかる

実際、私たちがコンサルティングをすると、売れるチラシかどうかは2秒でわかります。売れないチラシは「魂がこもっていない」という表現をしますが、簡単に言うと雑なのです。お客様に、自分たちが誠実であることを伝えたい、という気持ちが強いと、細部にまでこだわります。フォントの不ぞろい、罫線のばらつき、写真が暗い、言っていることが矛盾している……きりがありません。たったそれだけで、お客様はどこかに不信感を感じます。読みやすく、お客様に伝わりやすく、見ていて楽しい、もしくは、悩みが解決するような気持ちになり、実物を見てみようかと興味を持ってもらうこと。これだけが、高額商品のチラシの目的なのです。

私は、有名な建築家ミース・ファンデル・ローエが好んで使った「神は細部に宿る（God

is in the details)」という言葉が好きです。チラシを作る際、必ずそういいながら作ります。売れるチラシというものは不思議です。なぜか、光っているのです。ネット販売の際のコピーライティングも同じです。売れるページは「光って」います。

## 大企業と比べてどちらが強いか

チラシづくりには費用がかかります。しかも、地域限定でないとあまり費用対効果が出ません。そのために、私たち中小企業にとっては有利なところもあります。大企業にはできないことが謳えるからです。私の言うのは、たとえばこういうコピーです。

> ○○地域で○○を作るなら、○○よりも○○割安く（もしくはいいもの）作ることが当店では可能です。その理由は……

**ショールーム、豪華なカタログ（もしくは、それに準ずるもの）がありません**

大きなショールームやカタログは、それだけで莫大な経費がかかります。私たちは、残念ながらそれを持っていません。しかし、その分経費はかかりません。ですから、○○（商品）代に回すことができるのです。

### CMがありません

ＴＶのＣＭはかっこいいですね。有名人が出てきて、私たちも憧れます。でも、その分は○○（商品）にかけたいので、高額なＴＶＣＭは私たちにはできそうもありません……。

### 会社の社屋はしょぼいです

大きな自社ビルは、いつかはほしいけど、今は我慢しています。社屋がかっこよくても、お客様にとっては別にメリットがありません。ただ、狭くて汚い事務所なので、みなさまにはご迷惑をおかけします。しかし、その分は○○（商品）に回します。

### 社員は少ないです

当社の社員は、大企業のように何百人もいるわけではありません。私たちは、1人ひとりがしっかりと知識と経験を持って、無駄のない経営をしたいと考えています。お客様の大切な○○の資金を、できる限り○○に回します。そのためには、無駄な社員を置く余裕がないのです。その代わり、当社の社員はこれからも地元でがんばり続けます。大企業のように、異動や転勤であなたの担当が変わることはあり得ません……。

**同じ趣旨のこと**

ｅｔｃ……

というような感じです。

これは、中小企業が大企業に比べて弱いところを、逆に強みに変えた例です。つまり、弱者が強者に勝つ方法です。これをネガティブスマッシュと言います。お客様にとっては、会社の規模より、手に入る商品の良し悪しこそが重要です。ブランド品の逆をいくわけです。そして、何よりここで伝えたいのは、経費を減らしてでも提供する商品自体をいいものにしたいという姿勢であり、地元でがんばって、逃げるつもりがないという姿勢なのです。

大企業には、大企業の攻め方があります。彼らと同じような規模の宣伝費や、イベントなどに使える資金などを追いかける必要はまったくありません。大きな選手はパワーは強いが動きは遅いものです。私たち中小企業は、力はありませんが身動きが軽い分、スピードがあります。不景気に対応するのも簡単です。たった今から戦略自体を変えられるのですから。

## 中小工務店の復活

マーケティングを学んだ私は、集客、セールス、社内のマネジメント、商品の開発などを学び、どんどん会社をブラッシュアップしていきました。

その結果、現在では全国最大規模の住宅団体において、販売数日本一を4年連続で受賞できるようになったのです。

私は今、自分自身が学んできたことを全国の住宅会社の仲間たちに伝えています。

その仲間も、現在は400社ほどになり、これも全国最大級の団体のひとつに数えられるようになってきました。そして、私と同じように成功する仲間がどんどん増えています。

そんな中、最近は大手ハウスメーカーが「地元の中小工務店に押されている」と判断したらしく、「工務店化」を進めていると聞いています。私も含めて、小さな工務店たちが、日本に冠たる大企業に影響を与えている、ということだと思います。まさに「敗者復活」です。とても痛快なことではないでしょうか。

このような形で、今度は私たちが大手ハウスメーカーにどんどん触発され、お互いに切磋琢磨して、業界が発展、活性化すればいいと思っています。それによって、さらにお互いが、成長、進化するのですから。

# 8章

# 儲けたければ、会社は社員にあげなさい

# 50億円企業なんて、誰にでも作れる

## 会社がうまくいく理由

ここからが、私が50億円企業を作ることができた、そのきっかけと理由です。

お客様に恵まれた私たちは、ある意味順調にビジネスを大きくしていくことができ、地元でも有数の会社に育っていきました。私は、とても幸せな気持ちでした。しかし、そこで終わっていたら、私は地方の土建屋のオヤジで終わっていたことでしょう（それも、またいいのですが）。

私は、「どうすれば、さらにこの会社をよくすることができるか？」と考えてみました。

私は元キックボクサーです。ボクサーたちは、練習をして強くなります。初めから強い人間はいません。努力の量だけが結果を作ります。

多くのサラリーマンは、上司から「がんばって仕事をしろ」とハッパをかけられます。ですから、それなりには「練習」をがんばるのだと思います。しかし、プロのボクサーは、他人から「お前、練習しろよ」と言われてからはじめるような人間はいません。自分が強くなりたいから、チャンピオンになりたいから、自分から進んで苦しいトレーニングをするのです。その結果、イヤイヤ練習をする人間との差は開いていくものなのです。

私は、スタッフ全員をこの「自分から強くなろうとするプロボクサー」にしたいと考えました。経営者は仕事ができます。なぜかと言うと、逃げ場がないからです。すべて、自分のやったことが返ってくるからです。いいことも悪いことも、すべて自分に返ってきます。

ということは、すべてのスタッフを、自分のやったことが返ってくる環境に置いてやれば、その力は数倍になるのではないか、ということです。つまり、スタッフ全員を経営者にしてしまえばいい、と考えたのです。

企業は、どこまでいっても「人」です。マーケティングノウハウや仕組みなんて、しょせん人が作るもので、枝葉でしかありません。すべての中心はスタッフです。

人さえ作れば、ビジネスなんてすべてうまくいくのです。

## 経営者はトレーナーになろう

私は、最初の会社の社長を人に譲りました。二代目の社長は小林といいます。私の実弟で、非常に優秀な人間です。ある意味、私の成功の秘密は彼を弟に持ったことだった、と言っても過言ではありません。彼は、預かった住宅会社を地場工務店日本一にまで押し上げました。そして、今は3代目と4代目を育て、いつでも小林自身が引退できるようになっています。

小林に任せ、体の空いた私は新規事業を立ち上げ、どんどん増やしていくことができるようになっていったのです。その結果が2社の住宅会社、2社のコンサル会社、ビル管理会社、ネット情報販売会社、エステ店、投資会社、インターネットカフェ、海外の会社など、13社になったということなのです。

最初の会社の社長を替わり、つまり自分自身が選手を引退したことで、私はトレーナーになり、新しい有望な選手を育てていくことが仕事になっていきました。これが、私の成功の秘訣になっていきます。

社長を育てて会社を任せ、事業を増やしていく。投資と同じ。人間にレバレッジをきかせていくのです。たとえば、7人の社長が7億の会社をそれぞれ作れば、50億円なんて、誰でもできるのです。

## このスキームの一番よいところ

このスキームで一番よいことは、会社が儲かるだけでなく、スタッフが幸せになるということです。

今となっては、そのほうが私にとって大切なことになっています。私が、いつまでも社長をしていたら、小林はずっと専務でいたことでしょう。私の大切な小林を社長にしてやりたい。小林だけでなく、私の大切な仲間である彼らに、社長というものを経験させてあげたい。それで、彼らも幸せになっていく。もともと友人や仲間だった連中が、うちのグループリーダーたちです。彼らが私の存在によって少しでも幸せになるのなら、私がそれに影響できるなら、私がこの世に生まれてきた意味があるというものです。

1社目の社長交代を終えた私は、そちらのほうが重要なのだと気づき、以降のすべてのビジネスにおいて、社長を人に任せる道を選んだのです。

## 離陸と水平飛行

私は会社を興し、軌道に乗せます。飛行機で言えば、離陸は最も大きなエネルギーとリスクを伴います。それは私の担当です。水平飛行に移った後、スタッフを社長にし、それを彼らに任せます。

スタッフたちは、起業時点から「この会社は俺たちがもらえる」と思います。だから、どれだけがんばっても損はありません。普通のサラリーマンがあまりがんばれないのは、「がんばっても、自分の生活は何も変わらない」と思っているからです。たとえ会社の業績が倍に上がっても、給料が倍に上がるわけではありません。逆に、少し業績が下がっても、給料が払われなくなるわけでもありません。

自分たちの働きが最後は自分自身に返ってきます。長い目で見ればそうなるのですが、実感できるほどのものではありません。

でも、私のグループは全員が社長候補なので、誰にでも公平にチャンスがあります。がんばって社長レースに勝てば、自分自身が社長になれるのです。こういうルールです。

**・社長は、7〜10年任期で交代する**
**・その世代の首脳陣は社長とともに退陣**
**・新世代の社長および重役が、その会社を運営する**
**・退陣した社長や重役、会社に貢献した人間は顧問として残るか、私とともに新規事業立ち上げ部隊に入って新たな会社を興す。自分で所有するのも可能**
**・社長レースに参加するか否かは個人の自由**

スタッフは「社長予備軍」です。繰り返しになりますが、私は新しい会社を興し、社長を人に任せ、それによってできた時間と資金でさらに新しい会社を作る。社長になった人間は感謝してくれます。資金は私が用意して、一番たいへんな最初の立ち上げやマーケティングは私が担当し、もし業績が下がったら私が行くのです。私のところには、各ジャンルで日本一の社長や営業マンがいます。彼らも助けてくれます。業種は違えども、基本は同じです。困っても、グループの誰かが助けてくれるのです。そして、儲かれば自分たちがその報酬をもらえるのです。

いい条件だと思うのですが、いかがでしょうか？

私は、もともと1人で事業をはじめました。そこへ、どんどん入ってくる仲間を、私は「社員」というくくりでは考えていません。現在はグループ全員で60人ほどですが、社員を募集するようになったのは、ずっと後の話です。最初からいる、すべてのグループリーダー（各会社の、7人の社長）は、もともとの友人や仲間なのです。給料云々関係なしに、私に人生を預けてくれた連中なのです。

「私は、自分がとても幸せになった。仲間である彼らも幸せにしてやりたい」そう思うのも自然の流れではないでしょうか。

彼らは、自分の人生を私にゆだねてくれた。だから今度は、私が彼らをもっと幸せなステージに連れて行ってあげるべきだと思うのです。彼らは、見返りを求めず私を支えてくれました。そのおかげで今の私があるのなら、力を持った今、一番幸せにしてあげたいのは私にとって彼らなのです。

彼らの見返りを求めない行動に、私が返すわけです。

## 年収1億円の内訳

私が存在することによって幸せになった彼らは、私に報酬をくれます。1億円の年収？どうってことないじゃないですか。たとえば、10社から1０００万円ずつもらったとしたら

1億円です。仮に1社当たりからもらうのが、ちょっと高いサラリーマンと同レベルの600万円としても、13社で約8000万円あるのです。まして私は、それ以外に自分自身でも稼げるわけです。年収の1億円を稼ぐなんて、ある意味当たり前ではないでしょうか。

私の給料が異常に高い理由がここにあります。1社からでは、そんなにたくさんもらうことはできません。もらわないことで、その会社の内部留保もできるからです。でも、各社からもらう収入は、すべて私の給料になってしまうのです。ですから、たっぷり税金を納める覚悟で、このように進めています。税理士さんは「何てもったいない！」と言いますが、仕方のないことなのです。まあ、以前は社会の寄生虫だった人間が、少しは社会にお返しできるようになったと思えば誇らしいじゃないですか。

## 契約書なんていらない

では、会社を立ち上げた後に後継者を作り、引退するステップに入っていきましょう。私の場合は、そう考えてから数年かかりました。でも、それから作っていった会社は、すべてそれを前提にしていたため、最初から社長を育てています。最初から、社長にあげるつもりで会社を作るのです。

社長を社員にあげてしまう。物理的に、すべての権利をです。これが私のオリジナル、私のビジネスの特徴です。正しいかどうかはわかりません。でも、私は今、これが最高に楽しいのです。

しかし、会社をあげると言っても、株はあなたが持っているのでしょう？　経理や印鑑は、あなたが握っているのでしょう？　いえいえ、そんなことはありません。印鑑も通帳も、彼らがすべて持っています。私は、経理なんて見もしません。なので、今日たった今、彼らが私を裏切ろうと思えば、いとも簡単にできてしまいます（株については、後でお話しします）。契約書で縛っている？　そんな馬鹿らしいものなんてありません。

## 後継者を作り、引退するためのステップ

まあとにかく、社長を育てるステップを少しご紹介していきましょう。

**①サラリーマンとしてハードワークをさせて、経験を積ませる**

**②作る力、売る力を磨かせる**

③小さな独立をさせる（実力があれば大きくなる。リスクは排除）
④経営をうまく回せるようにし、実力に応じて箱を大きくする
⑤後継者を作らせる
⑥引退させ、複数のビジネスを行なわせる

あれっ？　という感じではないでしょうか。本書で今まであなたに話してきた、その内容とかぶっている？　そうです、かぶっています。というより、あなたにお話ししてきた、その順番の通りです。私の歩んできたことを、そのままやらせています。無駄を省いて時間は凝縮していますが。

実は、あなたに今までお話ししてきたことが、そのまま私が後進にやらせることなのです。現在は、社長になるまでの流れが7年でできるようにシステム化しました。

ただ、これらの方法を取るには、少し覚悟が必要です。それをお話ししていきましょう。

# なぜ、後継者が作れないのか

## 本当に後継者を作りたいのか？

「後継者が作れない」

世間の社長さんは、よくこのようにこぼします。しかし、よくよく聞いてみると、望んでいるのは別に後継者ではなく、「自分の代わりに仕事をしてくれる、優秀で従順な若い衆」がほしいだけ。そりゃあ無理です。そうですよね、社長はとてもたいへんな仕事です。それなりの見返りがなければ、とてもバカらしくてやっていられません。優秀な後継者であれば、自分で独立したほうが得ですから。自分自身で独立するよりよい条件でなければ、誰がやるでしょうか。

つまり、「後継者になったほうがトク」と思えるほどの待遇が必要なのです。でも難しいことはありません。必要なのは、会社を自分のものでなくす、つまり手放す勇気。これだけです。

これがないと、社長はただの操り人形です。これは私の個人的な考え方ですが、自分で独占してはいけません。みな、自分で独占しようとするから、返ってくるものが少ないのです。最初のほうでお話しした、「相手に与える。そうすればそれ以上のものが返ってくる。大切なのは相手を選ぶこと」なのです。

「すべてをあげてもかまわない、もし仮に、こいつに裏切られたとしたら、それは多分、俺のほうが悪い」――こう考えられる相手にしか、与えられません。ですから、一枚の契約書もなしに、印鑑通帳すべて預けられるのです。

逆に言えば、そういう仲間がわずかながらでもいるということが、私の最高の財産だと思っています。

# どっちがお得？

私から会社をもらった彼らは、本当によくがんばります。すべてが自分に返ってくるので、知らないふりを決め込むこともできません。必死にがんばるので、業績は勝手によくなっていきます。そして、そこにかかわるみんなが裕福になっていくのです。私も含めて。

私は、自分が独占しないことで、自分1人では得られないような収入や生活を手に入れることができたのです。もし私が、「ひとり占めしたい！」と、地方の土建屋の社長で終わっていたらと考えると、どっちが得だったかは、すでに答えは出ているのではないでしょうか。

人によっては、なぜもっと大きくしないのか？　とか上場しろとか、何でわざわざ人にやるのか？　と聞かれます（上場は、その都合によってはするかもしれませんが）。でも、もしそちらの道を選んでいたとしたら、今の繁栄はなかったでしょう。何より、各業界で全国に誇る成績を残した私のスタッフは、そこまでの力を発揮できなかったことでしょう。そこまでの力を発揮する、そんな気持ちにはなれなかったでしょう。

ですから、実際のメリットとしても、今のほうが結果は大きいはずです。

人は、人のためにこそがんばれるのです。たとえばもし、あなたの大切な人間が病気をして、「神様、あの人の病気を治してくれたら生涯禁煙します」といって神頼みをしたら、もうたばこは吸えないものです。大切な人の健康を祈って願かけして、もし吸ったらその人がまた病気になってしまう（かもしれない）としたら、普通はやめるものです。怖くて吸う気になれません。でも、自分のためにたばこをやめようと思っても、なかなかできないものです。

彼らは、私のためにがんばるからこそ、各社が信じられないような成績を残せるのです。また、自分のためだけにがんばる、というのは、私はさびしいことだ思っています。たしかに、自分の飲み水がなければ奪い合うかもしれません。しかし、自分がたっぷり水を持っていたら、のどが渇いた仲間に与えればいいのです。今度、彼らは食べ物を持ってきてくれるのですから。

ひとり占めをして、もっともっと儲ける。そんな実力は私にはないし、私の大切な仲間が喜ぶ顔のほうが、私にとってはこれ以上お金持ちになるよりも、ずっと楽しいことなのです。

ですから、これで十分。やりたいこと、やりたい経営をやりたいようにやっています。何より、あなたは以前の私を知っていますよね？　まあまあ、よくやってこられたほうだと思いませんか？　今でも十分すぎるくらいです。これ以上望んだら、バチが当たるというものです。

## 子供に継がせることについて

私は、子供に事業を継がせるつもりはありません。なぜ、みな子供に事業を継がせようとするのかもわかりません。私も人の親ですから、子供は愛しています。でも、私はこう考えています。

肉体の遺伝子は自分の家の子供に。ビジネスの遺伝子、つまり考え方の遺伝子を持った人間は社員に。そういうものではないでしょうか？　家は子供に継がせればいい。会社は、会社の子供である社員が継ぐのは、むしろ当たり前だと思います。

もともと、株式会社というものは、資金のある人間が株を出資し、経営力のある人間が経営をする、そういうものです。上場企業では、自然にそうなっています。しかし、中小企業では、社長の持ち物感が非常に強いのです。だからこそ、「子供が継いでくれないか」と思うわけです。これ、おかしくないですか？

経営力もついていない状態で、前経営者から20年以上の時を経て（年齢的にそうなる）、古い経営体質の会社を継がされる子供のほうこそいい迷惑でしょう。むしろ、経営者が自分の実力を最も発揮できる40代の10年間を経営に使い、そこで育ってきたナンバー2に渡していくほうが合理的ではないでしょうか。20年もたつと、経営者を取り巻くビジネス環境は大幅に変わります。現役で、経営を横で見てきていないと、なかなかすぐにはできないものです。

ですから、うちのグループの場合は、社長経験者が7〜10年後、次の社長を指名します。私と同じことをやるわけです。彼らも、決して自社を独占することはありません。ということは、若い社員みんなに、次（もしくは、さらにその次）の社長になれる可能性があるのです。だから、常に会社内はナンバー2争奪合戦状態です。その結果、各自のスキルはどんどん上がっていくのです。

私のグループの中のトップリーダーは、すでに3代目、4代目候補を選出しています。4代目候補はまだ20代です。しかし、会社を背負う自覚を持って毎日を過ごしています。社長としてのマインド、スキルを私たちから学ぼうとしています。これこそ、子供ではないでしょうか。私から見たら孫になりますが。

家の子供たちには、別にちゃんと財産を残してやればいいのです。でも、あまり残すと逆に毒になるので、お金よりも、私のこの知識や経験、知恵、スキル、マインドを残していきたいと考えています。彼らは、彼ら自身の器に合ったビジネスを私が新たに起こしてやればいいだけのことです。後に残ったお金は寄付でもします。

## 会社が持つ使命

私は、会社の目的はそれがどんな業種の会社であれ、「健全に永く続くこと」が第一義だと考えています。

私たちから商品を買ってくださったお客様は、星の数ほどもある会社の中から私たちを選んでくださったのです。私たちは、そのお客様が引き続き充実したサービスを手に入れていただけるよう、会社を守り続けていく義務があるのです。また、私たちを選んでくださったお客様のお買い物が、間違いでなかったことを証明し続けていく義務があるのです。

私たちは、私たちを見込んでくれたお客様へのお返しとして、きちんと利益を上げ、将来への投資として優秀な社員を育て続け、未来永劫、健全な経営を続けていけるような会社にしなければならないのです。

社長を交代することは、そのための新陳代謝でもあるのです。

その時その時に、社内で一番実力を持った、脂の乗った勢いのある経営者。その者が経営をしていくことで、会社はいつも若く、そして結果的に永く続いていくのだと思うのです。

私は、200名以上の取引業者が集まる全体会議でも、壇上から明確に次のようにこの話をしています。

「俺らのグループは、一切子供には継がせない。つまり世襲制はとらない。次の社長もそれはしない。その時その時、一番実力のあるやつが社長をやっていく。その社長は、長い年月をかけて俺たちが育てていく。そして、育っていった一番優秀なやつが社長をやっていく。だからウチは、かなり長く続くぞ。俺が死んだ後も続く。お前たちは世襲制をしていいから、安心して、孫子の代までうちに来い」

今さら子供に継がせるなんて、できないと思います。

## 「いいカッコした人」しか生き残れない

こういうことは、「お前は成功したから、後づけで言っているだけだろう」と思われがちです。しかし、それは間違いです。

私は、一社しかない頃からこう言っているし、そして、物理的にこちらのほうが経営メリットが多いからやっているのです。実際、私の場合、このやり方のほうが数字的にも物理的にも、そして結果としてもメリットが大きいのです。

すでに成功した人の話を聞くと、みなさんこのような「いいカッコ」したことを言います。実はこれは、成功したから言う、というわけではないのです。後づけではないのです。簡単な話、そういう人しか生き残っていないだけなのです。松下幸之助がすばらしいことを言っている。〇〇の社長はすごくいい人みたい。そんなの、あの地位にいったから言えるのだ……ではありません。逆です。こう考えているからこそ、長い期間にわたって成功してきたのです。

人には錦の御旗が必要です。高邁でない思想には、人はついてきません。人間の持つ、最大の力が出ないのです。

人と殴り合いの喧嘩をするのは嫌なものです。殴られると痛いし、怖いものです。でも、もし、あなたの大切な人間が危ない目にあっていたらどうでしょうか。奥さんや恋人がレイプされそうになったら？　あなたは相手を怖いと思うでしょうか。思わないはずです。もし相手にボコボコに殴られても、俺は大切な人間を守った、と胸を張れるでしょう。

人のためにとか、自分自身が胸を張れるような正しいことをすると、人は力が出るのです。ビジネスの姿勢や思想は高邁であるべきです。そして、高邁であるがゆえに、結果的に大きくなっていくことができるのです。

私の場合は、ビジネスは高邁ですが、その他は下品です。もともと、そんな程度のやつですから。あっ、でも人様に迷惑かけるようなことはしませんからね。そして、ビジネスに対しての高邁な思想というものは、死ぬまで変えるつもりはありません。

# 具体的に行なうステップ

## コミットメントはＯＫか？

さて、まず具体的なステップをはじめる前に、ひとつ確認したいことがあります。物理的にあなたがやるべきことは、まず、このラインを使うかどうかを決める、ということです。私のやり方は私の好みなので、マネするべきだとは言いません。しかし、せっかくその機会なので、使っていただく前提でお話ししましょう。ですから、本当の最初の一歩、覚悟、コミットするというのはＯＫですね。いいですか、あなたの会社があなたの会社でなくなるのです。最初はすごくさびしいですよ……覚悟してくださいね。

### ①社員に話す

社長が「いつかお前、社長を代わってくれよ」と言っても、社員は信用しません。ですから、会議の際に毎日言うのです。最初は、「また社長、あんなこと言ってるわ」と思われますが、何度も言っていると「む、本当なのかな?」と思われるようになります。でも、まだ社員は信用していません。表面だけ「わかりました。がんばります」という程度です。

### ②「常に」約束を守るようにする

普段から、社員との約束は必ず守るようにしてください。「いくら儲けたらボーナス」という話や、「売上げを達成したら旅行」などの約束は、すべてをきちんと守るようにしてください。私の、12回の転職で、さまざまな会社を見てきた経験上言えることは、社長はウソつき、ということです。売上げをいざ達成したときは、「ああは言ったけど、会社も苦しいし……」とか、わけのわからないことを言います。こういうことを1回やってしまうと、「ああ、またはじまった」と思われるので、絶対にやめてください。

私の場合は、忘れるといけないので、約束をする際、「忘れるといけないから、今言ったことを紙に書いて貼っておいて。俺が忘れていたら教えてくれ」と言います。

## ③ときには、わざと約束を守ることを見せる

「社長は約束を守らない」は、多分9割以上の社員の認識です。ですから、なかなかその呪縛は解けません。新しく入ったスタッフも、前職でそれを経験しているのであなたを信用しません。

ですから、わざとこういうことをしてみてもいいでしょう。

まず、「ちょっとがんばれば達成できそうな」ことに対する報酬を約束します。そして、それをみんなの前で守るのです。私の場合は、ある新しい会社の立ち上げ時に、「お前、これだけ売ったら、会社の報酬とは別に、俺のポケットから100万円やるわ」と言いました。残念ながらというか、見事に達成されてしまったので、みんなの前で100万円の束を渡しました。これで、「ああ、廣田は約束を守るんだ」と印象づけられたと思います。懐はさみしくなりましたが。しかし、「お前、達成できたのはみんなのおかげだよな？　と・う・ぜ・ん、みんなで分けるよね？」とプレッシャーをかけたことは言うまでもありません。その彼は、少し涙目になっていましたが。

約束を守るというのは、あなたが思うよりも、スタッフにとっては重要なことです。「死んでこい！　骨は俺が拾ってやる」と大将が言うからこそ、兵隊たちは戦地で死ぬ思いで戦うのです。戦国時代の大名がまったく約束を守らなかったら、誰も戦場で戦おうとはしない

ものです。これからは、ひと言に命をかけるようにしてください。え？　ポケットマネーはもったいない？　いいじゃないですか、どうせ飲み代で消えるんでしょ？　かわいい社員が喜ぶんですから、バンバンあげてくださいよ。

## ④理由を話す

なぜ、社長を代わるのか？　この理由は必要です。社長を引退して代わるための、本当の理由がなければ誰も信じません。私の場合は、「自分は飽き性で、長い間同じことを続けることはしたくない。次の社長に代わって新しい事業をやる。そして、お前たちにも分けてやる」と話していました。

ですから、私が販売していたビデオ等、情報商材の入金分でも、現金を山積みにして、「おーい、こっち来いよー！　来なけりゃ損するぞー」と言いながら、全社員に均等分けしました（きちんと税務処理はしました）。

こういうことを重ねると、「社長が新しいことをすると、俺らも儲かる」と思うようになります。とにかく、ひとり占めはしないことです。そうすることで、「全員の発展のため」と理由がはっきりしていきます。

## ⑤スタッフを鍛える

今の段階では、誰が後継者なのかはわかりません。ですから、まだ指名はしません。次の社長になるべき人間に必要なものは2つあります。まずは、やはりスキルです。ですから、まずは鍛えてください。作る力ができてきたら、次は売る力をつけさせてください。その次は集客（まあ、これも売る力ですが、念のため）、そしてマネジメント。ぜーんぶ教えるのです。全部教えたら独立されます。ですから、普通の会社では社員に、どちらか片方しか教えません。しかし、作る力、売る力のすべてを教えることで、社員のレベルやスキルは段違いに向上します。

この本ではスペースの関係上書けませんでしたが、私はセールスマンを育てるのが得意です。ある団体の全国トップテンのうちの5人が、私のところの営業マンです。でも、私は営業マン、セールスマンを育てているわけではありません。社長を育てているのです。ライバル会社では営業マンが販売しますが、私のところで販売するのは社長予備軍たちです。勝って当たり前、売れて当たり前。ライバルには絶対に真似のできないところがそこなのです。

## ⑥社長候補を決める

次の社長を誰にするか？　これは簡単です。先ほどの2つのうち、最後のひとつ。スキルよりももっと大切なもの。それは、「人気」です。この先、あなたの代わりに、その後継者は会社を見ていくわけです。その後継者がいくらがんばろうと思っても、他の者がついてこなければ話になりません。スタンドプレーでできることなんて、タカが知れています。リーダーに最も必要なものは、実は人気なのです。人気のない人間をリーダーにしてはいけません。

では、どう決めるかというと、社員の多数決ということです。面倒見のいい人間が頭角を現わせるように、最初からこの決め方を伝えておくのです。

次世代社長レースは人気によって決まる。リーダーを決めるのは、前リーダーではありません。リーダーを決めるのは、それを担ぎ上げるチームの全員です。アメリカの大統領でも、多数決で決まるじゃないですか。社員たちはよーく見ています。自分の人生を誰に委ねたら安心かを。そして、みんなが決めたリーダーなら、みんながついていきます。ただ、実際はそんな選挙みたいなことはほとんど必要なくなります。勝手に、彼らのほうで選ばれる人間を決めるムードになってくるからです。

## ⑦実際に代わる前にモラトリアム期間を設ける

さて、代わるべき後継者を決めたら、1ヶ月くらい旅行でも行ってください。「○○くん、君に任せるので一度やってみて。後は頼んだよー」といった具合です。いつ帰ってくるかは言わないほうがいいでしょう。「3ヶ月くらいかなー。長いよ」くらいのことを言って、私は1ヶ月間ニューヨークに行って毎日学校に通い、ぶらぶらしてから帰ってきました。

そこで、業績が「上がっているか、下がっているか」を見るのです。業績が上がっている場合、あなたの後継者は、あなたに力を抑えられているということなので、準備OKということです。もし下がっていたら、まだまだですね。もう少し後にしましょう。私の場合は、業績が上がっていました。つまり私が「パワーセーブさせる存在」になっていたということですね。悲しいけどうれしい。複雑なものです。

## ⑧実際に社長を代わる

もし、1ヶ月間留守にして業績がわずかでも上がっていたら、さあ、交替の時期です。あなたは会長になり、社長にすべてを「やらせてみて」ください。1年間でいいでしょう。あなたは普段は口出しをせず、そっと横から見ていてください。立場は人を変えます。そして、社長になった後継者は、どんどん貫禄がついていきます。絶対にみんなの前で新社長を叱ってはいけません。叱るなら2人きりになったときにしましょう。

そして1年間経って、業績がアップしていたなら、給料は彼自身に決めさせてください。「売上げは○○にするから、給料はいくら」といった感じです。年棒を自分で申告させてください。ちなみに、会長であるあなたは次世代社長の様子を見ている間の1年間で、セミナーをするなり、新たな商材を売るなり、新会社を立ち上げるなりすればいいのです。

## ⑨引退させる

ここまでは、私自身もまだできていません。なぜなら、社長のお勤め期間が、まだ終わっていないからです。でも、今の社長たちは、せっせと次の社長を育てています。私のようになるためにです。

そのためには、あなたは光り輝いているべきです。どんどん会社を作るなり、精力的にがんばるのが理想です。うらやましがられてください。彼らが社長を引退したら、あなたと同じ道へ行くわけです。逆に言えば、彼らもあなたのように、会社を私物化しないということです。社長を引退した人間の行先は天国。そう思える生活や行動を取ってください。私は今、引退後の彼らの「やりたいと思う面白そうなこと」をいろいろと探しているところです。

これでOK。こんな感じで社長を交替します。

## 複数の事業を経営できるわけ

時間の空いたあなたは、セミナーするもよし、新しい事業をするもよし。セミナーなんて引退しなくても別にできるけど、一気にたくさんやるのは、あまりうまいやり方ではありません。力を注いで行なうべきことはひとつの道であり、これが上達の早道です。空手を学びながら柔道を学ぶより、空手で人に教えられるレベルにまでになってから柔道を学んだほうが早いのです。どっちつかずになってはいけません。実際、ちょっとうまくいったからといって別の事業に手を出して、失敗する人はとても多いのです。そうはならないでください。

私は、複数の新規事業を立ち上げてきました。なぜ、そういうことができるのかと言うと簡単です。私には資金があり、時間があり、何より経験値があります。そして、あなたもそれを得られるのです。

ビジネスの本質はみな同じです。お客様がほしがっている優良なものを、どこよりも誠実にお届けするだけです。答えはお客様が知っています。そして、私たちはそれを真剣に聞き、自分たちが提供できることを伝えるだけなのです。

毎回、新しい会社を作るたびに、そのデータはどんどん貯まっていきます。つまり、後になればなるほど有利なのです。私の後継者たちもあなたも、どのビジネスのいつの段階でも、数を重ねて経験値を積むたびに有利になってくるのです。今日よりも明日、明日よりも明後日。どんどん勝率は高まっていくのです。

## チャンピオンを目指す者たち

あなたが、本当に社長を交代したとしましょう。そして、完全に経営権を社員の誰かに渡したとしましょう。一度、というか一社でもこのようなことをやってしまうと、スタッフは「あ、本当に替わるんだ」と、あなたの目的を信用してくれるようになっていきます。

ですから、次は最初からその前提で人を雇い、育てていくことができるようになります。だから、次からはみんなの意識が違ってくるため、以前よりもずっと早くできるのです。

うちのグループリーダーたちには、面接のとき必ずこう言うようにしています。

「スポーツをやる人には2つのタイプがある。チャンピオンを目指す人とエンジョイする人。チャンピオンを目指すなら、うちは天国。トレーニングは厳しいけど、必ず強い選手に育ちます。でも、時間から時間までを勤めたいなら、うちは地獄。君はどっち?」

うちの連中が通常の倍以上のパフォーマンスを出し、優れた結果を残せるわけは、チャンピオンのたくさんいるジムに、チャンピオンを目指す人間が入門してくるからなのです。そして、チャンピオンになるための厳しいトレーニングを自主的に積んでいるのです。しかも、トレーナーがつきっきりで。強くなって当然です。

## 真剣に遊んでいるだけ

このように、仲間たちとビジネスを立ち上げる、トレーニングを積んで軌道に乗せ、みんなが潤っていく、そんな一連の行動は本当に楽しいものです。その結果として儲かるだけで、それはあくまでスコアでしかありません。

私の捉えるビジネスのイメージは、小さい頃、友達と集まって秘密基地を作った、その感覚です。何でもない竹藪を「ここを俺たちの基地にするぞ、お前がここを守れ」と言って新たな基地を探す、そんな感じです。

「今度、こんなビジネスやってみようぜ! 誰が社長やる? お前やっとく?」みたいな話から、私たちの新規ビジネスははじまっていきます。私が、今考える新規ビジネスのポイントは、「面白いかどうか」です。私たちは気の合う友人たちと、ビジネスを通じて「真剣に」遊んでいるだけなのです。

面白いから一所懸命やる、だからうまくいく。みんなが潤う。どんどん増えていく(この執筆中にも3社が増えました)。私が50億円企業グループを作れた理由は、たったそれだけのことなのです。

私の小さな夢は、私と同じように社長を引退したグループリーダーたちと昔よく行ったように、ハワイで一番安いホテルに泊まるような貧乏旅行をしてゴルフをすることです。そして、ティーグラウンドで、みんなで通帳を見せ合って、「俺たちがんばったな」とニンマリ笑い合おう。そういう約束をしたのです。まだ1社しかなかった頃のことです。

# 9章

# 人生の、真の成功者

# 真の成功者とは

## 超一流の人間

私の尊敬する人に、妻の両親がいます。2人は、集団就職で田舎から出てきました。そして勤め先で出会い、茶碗ひとつからはじめて、小さいながらも家を建てました。もういい年ですが、いつでもどこでも、何をするにも一緒にいます。かと言って、2人でしょっちゅう遊びに行くわけではありません。

にぎやかなことと言えば、たまに自分たちと同じ境遇の、田舎から出てきている若い子たちを招いて、わいわいと飯を食べさせています。それ以外は、いつも2人で家にいます。多分これからも、どちらかが死ぬまで一緒にいることでしょう。

それで、彼らは幸せなのです。その証拠に、彼らを見ていると何だかこちらまで幸せな気分になってきます。彼らは人生において、何か特別な大きなことを成し遂げてきたわけではありません。結婚して家庭を築いて、子どもを産み育て、一所懸命に働き通して、今は穏やかな老後を迎えています。一般的に言えば平凡ですが、彼らはそれで十分に幸せなのです。

こんな生き方を、私はすばらしいと思います。一所懸命働いて家庭を守り、ひとつの会社で定年まで勤め上げて、穏やかな老後を過ごしています。そんな2人を、私は「超一流の人間」だと思います。そして彼らは、間違いなく人生の成功者です。

## ビル・ゲイツと比べても遜色のない成功者

どれだけお金を持っていたとしても、これまでの自分の人生を、「間違いだった」と後悔している人、これは成功者ではないと私は思います。あるいは、彼らのように平凡な人生を送りながらも、人生に不平や不満を持ち続けている人、これもまた成功者とは言えないと思います。

つまり、自分の思う人生を歩んでいる、自分のなりたい自分に向かって歩んでいる人、これを人生の成功者と呼ぶのではないかと思うのです。

だから私は、妻の両親を人生の成功者だと感じるのです。他人に迷惑をかけずに、自分たちが食うに困らない程度の金があって、それで自分の人生を全うしています。世界一の大金持ちであるビル・ゲイツと比べても、彼らの幸せは何ら遜色のないものだと思うのです。

## 成功者でない大富豪

私たち一人ひとりにとって、成功とはそれぞれがみんな違うものです。自分の人生に満足していれば、それは成功と言っていいでしょう。不平不満を持っていて、どうして自分はこうなんだろうと悔やんでいるのであれば、それは失敗です。つまり成功とは、自分の中にある「絶対的」なものであって、他と比べた「相対的」なものではないということです。

映画などでも、大富豪になった人が「お金を得ることはできたが、幸せにはなれなかった」と後悔する一幕があります。こういう人は、成功者とは呼べないのではないでしょうか。最低限食べていくお金は絶対に必要です。しかし、それ以上のお金と人生の成功は、実はあまり関係ありません。他人との勝ち負けも関係ありません。自分の望む自分に近づいていくこと。また、その過程を楽しむこと。これができる人を成功者と呼ぶのではないでしょうか。

相手と戦うためだけに練習するキックボクシングのような格闘技は、たしかに無駄がありません。練習時間は、相手に勝つためだけに使われます（冒頭のトレーナーのように、勝っても負けても勝者だ、という考え方もあります）。相手に勝つ、そのために努力する、これはこれですばらしいことです。だから、最短時間で強くなることができます。しかし、空手などの「道」がついた武道の目的は、少し違います。武道の目的は、「自分に勝つこと」なのです。

昨日の自分よりも、少しでも強くなればそれでいいのです。相手に勝つとか、負けるとかは二の次です。今までの自分、そして困難な練習、いわば階段をひとつ乗り越えることで、昨日までの自分に勝つのです。

階段の高さを、人と比べる必要はありません。1億円稼ごうが100億円稼ごうが、そんなものに価値なんてありません。昨日の自分より一段上にいること。そちらのほうがずっと大切なことなのです。

もちろん、自分を高めるために誰かを目標にして競うことはいいことです。しかし、他人との勝ち負け自体には意味はありません。

自分が望む方向へ、一歩でも正しく前進していくこと。それが人生の勝利であり、成功なのだと思います。

# お金がすべてか

## 「お金がすべて」の人

たまに、私は会う人から「お金がすべてじゃないんだから！」と吐き捨てるように言われることがあります。私はこれまで、「お金がすべてだ」と言ったことはただの一度もないのですが、私が儲けたことを知ると、なぜかそう言われてしまいます。

お金はすべてではない。当然です。しかし、お金がすべてという人もいます。それは、「お金がない人」です。もう少し細かく言うと、「食べていける、つまり生命を維持するだけのお金がない人」です。ただ、私に対して「お金がすべてじゃない」という人よりも、私は昔もっと貧乏だったのです。だから、お金の怖さも知っています。お金は大切です。お金さえあれば、大切な人を守ることができるのです。

ちょっと前のことです。私のグループのナンバー3である、「お父ちゃん」と呼ばれる仲間がいます。彼がガンになりました。お父ちゃんとはいっても、私よりも年下です。ある日、私はふと、「みんなメチャクチャがんばって仕事してるので、ひょっとして誰か病気になっていないか？」と考えました。そこで、私はグループリーダーたちにかなり高級（というか、世界中で一番高いらしい）な検査を受けさせたのです。そして、小さなガンが見つかったのです。

そして、その分野で最高の権威というお医者さんが執刀をしてくれました。

そのお医者さんは、「よくこの段階で見つけたものだね、普通、このガンはまず見つからないんだけど」と言ったそうです。お父ちゃん（私の父親ではありません）は、無事手術を終え、ガンは完治しました。再発の心配もないそうです。ちなみに、グループリーダーたちに検査を受けさせるために使った費用は、トータルで1200万円。たしかに高いかもしれません。でも、私にとっては安いものです。「お金を持っていてよかった」、心からそう思いました。

私にとって、とても大切なお父ちゃんの命と引き換えなら、10億でも20億でも私は積みます。まったく惜しいとも思いません。仲間や、自分の大切な人間を守るためにも、お金は大切なのです。

## 世界一のチャンスの国、日本

私は貧しい国で、学校を作っています。前著『凡人の野望』で「いつか学校を作りたい」と書きましたが、実現することができました。あれからもう3校目になります。それらの貧しい国では、生活のために売られていく子供が珍しくありません。日本でも、私が生まれる少し前まではそうだったと聞きます。口減らし、と呼ばれるものです。

私がトレーニングに行った25年前のタイでは、貧しい子供は、男の子はムエタイ（キックボクサー）、女の子は売春婦と相場が決まっていました。私が行ったジムの、ある名チャンピオンは、「自分は5歳の頃に売られてきた、学校には行ったことがない」と教えてくれました。彼は、自分自身の名前すら書けませんでした。サインをせがむ私に、自分のはいているトランクス（キックパンツ）を上から見て、それをゆっくりなぞるように書いてくれました。おかげで、サインの上下が逆になってしまいました。

ある国のスラムでは、今もゴミの山で生活してクズ鉄を拾い、有毒ガスを毎日吸っている子供たちがいます。ある日、雨が降っているときにそこへ行ったら、ゴミの山から染み出してきた毒をたっぷり含んだ水が、濁流のように海に流れ込んでいました。

そんなところで生活する彼らは、20歳を迎えるまでにほとんどが病気になり、医者にかかるお金もなく死んでいきます。今の日本ではなんでもない病気、中耳炎で死ぬ子すらもいるのです。医者にかかれないからです。彼らは、「人生お金じゃない」とは口が裂けても言えないでしょう。悲しいことに、彼らにはチャンスさえめぐって来ません。

私は、世界中の国を回って理解しました。チャンスの国、アメリカンドリームとかよく言われますが、ちゃんちゃらおかしい。スラム上がりの黒人の少年にはチャンスなんてほとんどありません。私のようなものでも這い上がれるこの日本こそは、世界で一番夢のある、平等で公平なチャンスの国なのです。

食べていくことができる、そして大切な人間を守れるだけのお金は絶対に必要です。そこから先は、自分の自由にすればいいだけです。稼いで使ってもいいし、寄付してもいいのです。稼げないのを、「人生はお金ではない」と言って逃げるのは、決してフェアな行為ではありません。私は、そうはなりたくないと思っています。

私は、稼いで大切な仲間を守り、その仲間を増やしていく。自分自身が幸せになり、周りの人を幸せにしていく。少しでも多くの仲間やかかわる人たちによい影響を与えていく。そんな人生を選びたいと思います。

# この途上こそが、今生きている人生

## 階段を上がることを楽しもう

人生は、階段のようなものだと思います。

人の数だけ階段は存在します。自分のなりたい方向、進みたい人生に向かういろいろな階段を上ったり下りたり、立ち止まったり、違う階段に変えてみたり。どの階段も、価値は変わりません。ビジネスで成功したい階段、人生を焦らずにゆっくり楽しみたい階段、それぞれに価値があります。どれが好きかだけなのです。

そして、みんなそれぞれがひとつの踊り場を目指し、また次の踊り場を目指すのです。その階段に終わりはありません。毎日上っている人は、それがどんな道であれ、ある日ふと「ああ、こんなところまで登ったのか」と気づくのではないでしょうか。そして、その階段を上ることと自体がまた楽しくなっていく。そんなふうに思います。

あなたの人生の成功は、今日一日、自分のなりたい方向に向いている階段のほんの一歩を上ったかどうか。それによって決まると思うのです。そして、階段を上がったり下りたりしている今、このとき自体を楽しんでいただきたいと思うのです。その途上、これ自体が「今生きている人生そのもの」だと私は思うのです。

あなたが、あなたの望む人生に一歩でも近づいていきますように。そして、その途上を楽しめるように。心から応援しています。

## さいごに

最後までお読みくださって、本当にありがとうございます。

当初、私は本を出すつもりはまったくありませんでした。本を出して有名になるべきは、すでに引退している私ではなく、私のところの社長たちです。実業の世界で、すでに顔出しをしていない私自身には、本を出す金銭的なメリットも理由も、まったくといっていいほどありませんでした。

しかし、私の友人であり、編集プロダクションの経営者でもある、クラップスの富永さんがお話を持ってきてくれました。彼と一緒に、本書の版元である同文舘出版の古市部長のもとを訪ねると、驚いたことに古市部長と私とは、出身地も出身中学・高校も同じで、しかも古市部長は元・空手家。古くからの道場の先輩という気持ちになり、こんな偶然があるのかと思いました。本書をお読みの方ならおわかりいただけるかと思いますが、私は人の縁、偶然に助けられて今の人生があります。この縁を大切にしたい、と出版に踏み切りました。キックボクシングが題材になったのも、私と古市部長の趣味が重なっていたためです。この場をお借りして、その出会いに感謝いたします。

この本は、ノウハウ的には別に特別なものは何もありません。50億円企業を作ったと言っても、私のようなやり方はかなり変わっていると思うし、参考になるところはなかったかもしれません。

しかし、もとより本来成功する可能性の低かった私が、人がましいことを言えるようになった、その理由がおわかりいただければ、と思います。そして、それがあなたのわずかなヒント、もしくは「俺も、ちょっとがんばってみようかな」という活力のひとつにでもなればうれしい限りです。

私は、ここまで人に助けられてきました。師匠に恵まれ、仲間に恵まれました。そして、私に尽くしてくれる仲間たちがもっともっとよくなれば、と考えれば考えるほど、結果的に自分自身が潤っていったのです。

その結果が、社長を育てるということであり、自分の今の収入になっていったのです。そしてそれは、私にとってとても楽しい「ビジネス」だったのです。最初にお話ししたように、ビジネスに敗者は存在しません。彼らが潤えば私が潤い、会社が潤えばさらによい商品をお値打ちに出せてお客様が喜びます。みんながハッピーなのです。
それによって、社会がほんの少しでもハッピーになれば、すばらしいことではないでしょうか。

私は今、全社の株式を保有しています。しかし、子供に会社を継がせるつもりもありません。また、グループリーダーたちに分けようとしたら「要らないっす」と答えるのです。今の時点でハッキリしていないのであまり詳しくは書けませんが、各会社の管轄の都道府県か市に、私の持つ株式をすべて譲渡できないか、または福祉団体、あるいは財団をつくれないか、相談し模索しています。

これは私だけでなく、各会社の社長であるグループリーダーたち、私の直属の仲間たちの総意なのです。「そのほうがカッコいいな」と私を含めた仲間のみんながそう思った、それが決定の理由です。いつかまたご報告できるかもしれません。少しは、社会に胸を張れる行動になるのではないかと思っています。

昔は、学校の先生から「お前なんか社会のダニにしかなれない」とののしられたのに、人生は面白いものですね。

いつも私を引き上げ、人生を変えてくれた師匠たちに御礼申し上げます。みなさんのおかげで、人がましい人間になることができました。なかでも、兄と慕う平秀信先生の、「死んだ時は儲けたお金をすべて寄付する」という言葉で、私もそうしようと株式の行き先を探すことにしたのです。

そして何より、こんな私についてきてくれる多くの仲間たちに。実弟であり、グループのまとめ役で、私よりもグループにとって必要な存在であるかっちんに。古くからの友人であるお父ちゃん、久保ちゃん、いっちん、よっしー、ますダーリン、桑原ちゃん、中村こもん……お金を儲けたとか成功したとか、そんな瑣末なことよりも、君たちに出会えたことこそが、私の最大の財産です。いつも本当にありがとう。来世でも一緒に何かやろうね。

この本の執筆中、私は40度を超える高熱が7日間続きました。髄膜炎で、血液がんの可能性ありという診断で、一時は死を覚悟し、死後の処遇のすべてを弟である小林に伝えました。しかし、7日目の8月27日、寝たきりだった父の危篤の報とともに、原因不明のまま、私の熱はひきました。そして翌8月28日、父は鬼籍に入りました。

「俺の代わりにもう少し生きろ」そう言われた気がします。

この場を借りて、父に感謝します。何より、すばらしい弟をありがとう。彼の存在は、私にとって命よりも大切なものです。それだけでも、私はあなたにどれだけ感謝しても足りません。

「情けは人のためならず」が口癖だった父に、この本を捧げます。

2010年9月

廣田康之

著者略歴

廣田康之（ひろた　やすゆき）

中卒の元プロキックボクサー。バーテン、鳶職、忍者スタントマン、タマゴ配達など、12種類の職を転々とした元落ちこぼれ。現在は、住宅会社2社、コンサルタント会社2社、マンション管理会社2社、エステ店、通信販売、投資会社、法律相談室など海外を含め13社の会社を所有。グループ全体の売り上げは年間50億円ほど。数年連続業界ジャンル全国1位など、グループ全体の受賞歴は63タイトルを数える。
得意技は、社長を育てること。現在7人の社長にグル-プをまかせている。座右の銘は"与えるものは王者なり"。六本木ヒルズ在住。



敗者復活力

平成22年10月12日　初版発行

著　者　廣田康之
発行者　中島治久
発行所　同文舘出版株式会社
東京都千代田区神田神保町1-41　〒101-0051
電話　営業：03(3294)1801　編集：03(3294)1802
振替　00100-8-42935　http://www.dobunkan.co.jp




ISBN978-4-495-58971-4
印刷／製本：萩原印刷　Printed in Japan 2010